L'homme à l'oreille cassée

À propos

Writat

Cette édition parue en 2024

ISBN : 9789359947679

Publié par
Writat
email : info@writat.com

Contenu

CHAPITRE I.

OÙ ILS TUENT LE VEAU GRAS POUR CÉLÉBRER LE RETOUR D'UN FILS FRUGAL.

Le 18 mai 1859, M. Renault, ancien professeur de physique et de chimie, aujourd'hui propriétaire foncier à Fontainebleau et membre du conseil municipal de cette charmante petite ville, porta lui-même à la poste la lettre suivante :

" *A Monsieur Léon Renault, Ingénieur Civil, Berlin, Prusse.*

(A conserver à la Poste jusqu'à demande.)

" MON CHER ENFANT :

> " Les bonnes nouvelles que vous nous avez envoyées de Saint-Pétersbourg nous ont causé la plus grande joie. Votre pauvre mère était malade depuis l'hiver, mais je ne vous en avais pas parlé, de peur de vous inquiéter si loin de chez moi. Quant à moi , je n'allais pas très bien ; et il y avait encore une troisième personne (devine le nom si tu peux !) qui languissait de ne pas te voir. Mais contente-toi, mon cher Léon : nous récupérons de plus en plus depuis le temps. de votre retour est presque fixé. Nous commençons à croire que les mines de l'Oural n'engloutiront pas ce qui nous est plus cher que le monde entier. Dieu merci ! cette fortune que vous avez si honorablement et si vite faite ne vous aura pas coûté ta vie, ni même ta santé, puisque tu nous dis que tu as grossi là-bas, dans le désert. Si tu n'as pas fini toutes tes affaires là-bas, tant pis pour toi : nous sommes trois à avoir juré que tu n'y retourneras plus jamais et que tu n'auras pas de difficulté à y accéder, car tu seras heureux parmi nous. Telle est du moins l'opinion de Clémentine... J'oublie que je m'étais engagé à ne pas la nommer. Maître Bonnivet , notre excellent voisin, ne s'est pas contenté de placer vos fonds dans une bonne hypothèque, mais a aussi rédigé, dans ses moments de loisir, un petit acte des plus édifiants, auquel ne manque plus que votre signature. Notre digne maire a commandé, pour votre compte, une nouvelle écharpe officielle, qui arrive de Paris. Vous en aurez le premier bénéfice. Votre appartement (qui appartiendra bientôt à un « vous » pluriel) est élégant,

proportionné à votre fortune actuelle. Vous devez occuper.... ; mais la maison a tellement changé en trois ans, que ma description vous serait incompréhensible. M. Audret , l'architecte du château impérial, dirigea les travaux. Il voulait en effet me construire un laboratoire digne de Thénard ou de Duprez. Je protestai vivement contre cela, et dis que je n'en étais pas encore digne, puisque mon célèbre ouvrage sur la condensation des gaz n'en était qu'au quatrième chapitre. Mais comme votre mère était de connivence avec le vieux coquin d'un ami, il s'est avéré que la science a désormais un temple dans notre maison, un véritable repaire de sorcier, selon l'expression pittoresque de votre vieux Gothon : il ne lui manque rien, pas même une machine à vapeur de quatre chevaux. Hélas! que puis-je faire avec ? Je suis néanmoins convaincu que ces dépenses ne seront pas totalement perdues pour le monde. Vous n'allez pas dormir sur vos lauriers. Oh, si seulement j'avais eu ta fortune quand j'avais ta jeunesse ! J'aurais consacré mes journées à la science pure, au lieu d'en perdre la meilleure partie parmi ces pauvres jeunes gens qui ne tiraient de mes cours que l'occasion de lire Paul de Kock. J'aurais été ambitieux ! — J'aurais tâché d'associer mon nom à la découverte de quelque grande loi générale, ou du moins à l'invention de quelque appareil très utile. C'est trop tard maintenant; mes yeux sont épuisés et le cerveau lui-même refuse de fonctionner. A ton tour, mon garçon ! Vous n'avez pas encore vingt-six ans, les mines de l'Oural vous ont donné de quoi vivre tranquillement, et, pour vous seul, vous n'avez plus de besoins à satisfaire ; le moment est venu d'œuvrer pour l'humanité. Que vous le fassiez, c'est le souhait le plus fort et l'espoir le plus cher de votre vieux père adoré, qui vous aime et qui vous attend à bras ouverts.

" J.Renault.

"PS D'après mes calculs, cette lettre devrait arriver à Berlin deux ou trois jours avant vous. Vous avez déjà été informé par les journaux du 7e inst. de la mort de l'illustre Humboldt. C'est un motif de deuil pour la science et à l'humanité. J'ai eu l'honneur d'écrire à ce grand homme plusieurs fois dans ma vie, et il a daigné répondre une fois, dans une lettre que je chéris pieusement. Si vous avez l'occasion d'acheter quelque souvenir personnel de lui, un

bout de son écriture ou quelque fragment de ses collections,
vous m'apporterez un réel plaisir."

Un mois après le départ de cette lettre, le fils tant attendu rentrait dans la demeure paternelle. M. et Mme. Renault, qui alla le chercher au dépôt, le trouva plus grand, plus gros et plus beau en tous points. En fait, il n'était plus simplement un garçon remarquable, mais un homme aux proportions bonnes et agréables. Léon Renault était de taille moyenne, de cheveux et de teint clairs, dodu et bien fait. Ses grands yeux bleus, sa voix douce et sa barbe soyeuse indiquaient une nature sensible plutôt que puissante. Un cou très blanc, rond et presque féminin contrastait singulièrement avec un visage bronzé par l'exposition. Ses dents étaient belles, très délicates, un peu inclinées en arrière et de forme très régulière. Lorsqu'il ôta ses gants, il montra deux petites mains un peu potelées , bien fermes et pourtant agréablement douces, ni chaudes ni froides, ni sèches ni humides, mais agréables au toucher et soignées à merveille.

Tel qu'il était, son père et sa mère ne l'auraient pas échangé contre l'Apollon Belvédère. Ils l'embrassèrent avec ravissement, le submergeant de mille questions auxquelles, bien entendu, il ne parvenait pas à répondre à la plupart. Quelques vieux amis de la famille, un médecin, un architecte et un notaire, avaient couru au dépôt avec les bons vieux ; chacun à son tour le serra dans ses bras et lui demanda s'il allait bien et s'il avait fait un bon voyage. Il écoutait patiemment et même avec joie cette musique banale dont les paroles ne signifiaient pas grand-chose, mais dont la mélodie allait au cœur parce qu'elle venait du cœur.

Ils étaient là depuis un bon quart d'heure, le train avait recommencé sa route, les omnibus des différents hôtels s'étaient lancés les uns après les autres au bon trot dans la rue qui menait à la ville, et le soleil de juin semblait profiter éclairant ce joyeux groupe de personnes excellentes. Mais Mme Renault s'écria tout à coup que le pauvre enfant devait mourir de faim et qu'il était barbare de le faire attendre plus longtemps son dîner. Il ne servait à rien de protester qu'il avait déjeuné à Paris et que la voix de la faim lui parlait moins que celle de la joie. Ils montèrent tous dans deux voitures, le fils à côté de sa mère, le père en face, comme s'il ne pouvait détourner son garçon des yeux. Un chariot arrivait avec les malles, les longues caisses, les coffres et le reste des bagages du voyageur . A l'entrée de la ville, les hackers faisaient claquer leurs fouets, les bagagistes suivirent l'exemple, et ce joyeux fracas attirait le peuple vers leurs portes et réveillait un instant la quiétude des rues. Madame Renault jetait ses regards à droite et à gauche, cherchant les spectateurs de son triomphe et saluant avec une affabilité très cordiale des gens qu'elle connaissait à peine. Et plus d'une mère la salua aussi, sans la connaître ; car il n'y a pas de mère indifférente à de pareils bonheurs, et d'ailleurs la famille de Léon était appréciée de tout le monde. Et les voisins, se rencontrant, dirent avec une satisfaction sans jalousie :

"C'est le fils de Renault, qui travaille depuis trois ans dans les mines russes et qui vient maintenant partager sa fortune avec ses vieux parents."

Léon remarqua également plusieurs visages familiers, mais pas tous ceux qu'il souhaitait voir. Car il se pencha un instant à l'oreille de sa mère et lui dit : « Et Clémentine ? Ce mot fut prononcé si bas et si près que M. Renault lui-même ne put dire si c'était un mot ou un baiser. La bonne dame sourit tendrement et ne répondit qu'un seul mot : « Patience ! Comme si la patience était une vertu très courante chez les amoureux !

La porte de la maison était grande ouverte, et le vieux Gothon se tenait sur le seuil. Elle leva les bras vers le ciel et pleura comme un fou, car elle connaissait Léon depuis qu'il n'était pas beaucoup plus haut que son lavoir. Il y eut alors une nouvelle étreinte formidable sur la marche supérieure, entre la bonne vieille servante et son jeune maître. Après un intervalle raisonnable, les amis de M. Renault se préparèrent à partir, mais c'était peine perdue ; car on leur assurait que leurs places à table étaient déjà préparées. Et quand tous, sauf l'invisible Clémentine, furent rassemblés dans le salon, les grandes chaises à dossier rond tendirent les bras au descendant de la maison Renault ; le vieux miroir du manteau se plaisait à refléter son image ; le grand lustre sonnait une petite chanson de bienvenue avec ses pendants de cristal, et les mandarins de l' étagère secouaient la tête en signe de bienvenue, comme s'ils étaient *des pénats orthodoxes* au lieu d'étrangers et de païens. Personne ne peut dire pourquoi les baisers et les larmes ont recommencé à pleuvoir, mais il semblait certainement qu'il venait de revenir une fois de plus.

"Soupe!" s'écria Gothon .

Madame Renault prit le bras de son fils, contrairement à toutes les lois de l'étiquette, et sans même s'excuser auprès des invités d'honneur présents. Elle ne s'excusait même pas d'aider son fils devant la compagnie. Léon la laissait faire et prenait tout en souriant : il n'y avait pas un invité qui ne fût prêt à renverser sa soupe sur son gilet plutôt que de la goûter devant Léon.

"Mère!" s'écria Léon, la cuillère à la main, c'est la première fois depuis trois ans que je goûte une bonne soupe. Madame Renault se sentit rougir de satisfaction, et Gothon fut si bouleversé qu'elle laissa tomber une assiette. Tous deux pensaient qu'il avait peut-être parlé pour plaire à leur vanité ; mais néanmoins il parlait vrai. Il y a deux choses dans ce monde qu'un homme ne trouve pas souvent hors de chez lui : la première est une bonne soupe ; le second est l'amour désintéressé.

Si je devais tenter ici une énumération exacte de tous les plats qui figurent sur la table, il n'y aurait pas un de mes lecteurs qui n'aurait l'eau à la bouche.

Je crois, en effet, que plus d'une dame délicate serait en danger d'une indigestion. Supposons, s'il vous plaît, qu'une telle liste atteigne presque la fin du volume, ne me laissant qu'une seule page pour écrire la merveilleuse histoire de Fougas . Je retourne donc aussitôt au salon, où le café est déjà servi.

Léon prit à peine la moitié de sa tasse : mais n'en déduisez pas que le café était trop chaud, ou trop froid, ou trop sucré. Rien au monde ne l'aurait empêché de le boire jusqu'à la dernière goutte, si un coup à la porte de la rue ne l'avait arrêté juste en face de son cœur.

La minute qui suivit lui parut interminable. Jamais dans son voyage il n'avait rencontré une minute aussi longue. Mais enfin Clémentine parut, précédée de la digne Mlle. Virginie Sambucco , sa tante ; et les mandarins qui souriaient sur l' étagère entendirent le bruit de trois baisers. Pourquoi trois ? Le lecteur superficiel, qui feint de prévoir les choses avant qu'elles soient écrites, a déjà trouvé une explication très probable. « Bien sûr, dit-il, Léon était trop respectueux pour embrasser plus d'une fois la digne Mlle Sambucco , mais lorsqu'il s'est adressé à Clémentine, qui allait bientôt devenir sa femme, il a très justement doublé la dose. Maintenant monsieur, c'est ce que j'appelle un jugement prématuré ! Le premier baiser tomba de la bouche de Léon sur la joue de Mlle. Sambucco ; la seconde fut appliquée par les lèvres de Mlle. Sambucco à la joue droite de Léon ; le troisième fut en effet un accident qui plongea deux jeunes cœurs dans une profonde consternation.

Léon, très amoureux de sa fiancée, se précipita vers elle aveuglément, incertain s'il lui baiserait la joue droite ou la gauche, mais bien décidé à ne pas trop retarder un plaisir qu'il se promettait depuis le printemps de 1856. Clémentine ne rêvait pas de se défendre, mais était tout à fait prête à appliquer ses jolies lèvres roses sur la joue droite ou sur la gauche de Léon, indifféremment. La précipitation des deux jeunes gens fit que ni les joues de Clémentine ni celles de Léon ne reçurent l'offrande qui leur était destinée. Et les mandarins de l' étagère , qui s'attendaient bien à entendre deux baisers, n'en entendirent qu'un. Et Léon fut confondu, et Clémentine rougit jusqu'aux oreilles, et les deux amants reculèrent d'un pas, regardant attentivement les roses du tapis qui resteront éternellement gravées dans leurs souvenirs.

Aux yeux de Léon Renault, Clémentine était la plus belle créature du monde. Il ne l'aimait que depuis trois ans à peine, et c'était un peu pour elle qu'il avait fait le voyage en Russie. En 1856, elle était trop jeune pour se marier, et trop riche pour qu'un ingénieur aux appointements de 2 400 francs puisse prétendre convenablement à sa main. Léon, qui était un bon mathématicien, se proposa le problème suivant : « Étant donné... une jeune fille de quinze ans et demi, ayant 8 000 francs de rente, et menacée de l'héritage de Mlle

Sambucco de 200 000 francs de plus . :— d'obtenir une fortune au moins égale à la sienne dans un délai qui lui laissera le temps de grandir, sans lui laisser le temps de devenir vieille fille. Il avait trouvé la solution dans les mines de l'Oural.

Pendant trois longues années, il avait correspondu indirectement avec la bien-aimée de son cœur. Toutes les lettres qu'il écrivait à son père ou à sa mère passaient entre les mains de Mlle. Sambucco , qui ne les a pas cachés à Clémentine. Parfois même, on les lisait à haute voix dans la famille, et M. Renault n'était jamais obligé d'omettre une phrase, car Léon n'écrivait jamais rien qu'une jeune fille ne doive entendre. La tante et la nièce n'avaient pas d'autres distractions ; ils vivaient retirés dans une petite maison au fond d'un joli jardin, et ne recevaient que de vieux amis. Clémentine n'avait donc que peu de mérite à garder son cœur pour Léon. A l'exception d'un gros colonel de cuirassiers, qui la suivait parfois dans ses promenades, aucun homme n'avait jamais fait de démonstrations à son égard.

Elle était en plus très jolie, et pas seulement aux yeux de son amant, ou de la famille Renault, ou de la petite ville où elle habitait. Les villes de province ont tendance à être facilement satisfaites. Ils donnent à bon marché la réputation d'être une jolie femme ou un grand homme ; surtout quand ils ne sont pas assez riches en telles marchandises pour se montrer particulièrement particuliers. Mais dans les capitales, on prétend n'admirer que le mérite absolu. J'ai entendu le maire d'un village dire avec une certaine fierté : « Avouez maintenant que ma servante Catherine est vraiment jolie, pour un village de six cents habitants ! Clémentine était assez jolie pour être admirée dans une ville de huit cent mille habitants. Imaginez-vous une petite créole blonde, aux yeux noirs, au teint crémeux et aux dents éblouissantes. Sa silhouette était ronde et souple comme une brindille, et se terminait par des mains délicates et de jolis pieds andalous, cambrés et joliment arrondis. Tous ses regards étaient des sourires et tous ses mouvements des caresses. Ajoutez à cela qu'elle n'était ni une sotte, ni une prude, ni même une ignorante comme les filles élevées dans les couvents. Son éducation, commencée par sa mère, avait été complétée par deux ou trois vieux professeurs respectables choisis par M. Renault, qui était son tuteur. Elle avait un cœur sain et un esprit vif. Mais je peux raisonnablement me demander pourquoi j'ai tant à dire sur elle, puisqu'elle vit encore ; et Dieu merci ! aucune de ses perfections n'a disparu

CHAPITRE II.

DÉBALLAGE À LA LUMIÈRE DES BOUGIES.

Vers dix heures du soir, Mlle. Virginie Sambucco dit qu'il était temps de penser à rentrer chez elle : les dames vivaient avec une régularité monastique. Léon protesta ; mais Clémentine obéit, non sans faire une petite moue. Déjà la porte du salon était ouverte, et la vieille dame avait pris sa capuche dans le hall, lorsque l'ingénieur, soudain frappé par une idée, s'écria :

" Vous ne partirez sûrement pas sans m'aider à ouvrir mes malles ! Je vous le demande en guise de faveur, ma bonne Mademoiselle Sambucco ! "

La respectable dame s'arrêta : la coutume la poussait à partir ; la bonté la poussa à rester ; un atome de curiosité faisait pencher la balance.

"Je suis si content!" s'écria Clémentine en replaçant la capuche de sa tante sur le support.

Mme. Renault ne savait pas encore où ils avaient déposé les bagages de Léon. Gothon vint dire que tout avait été jeté pêle-mêle dans l'antre du sorcier, pour y rester jusqu'à ce que Monsieur lui fasse remarquer ce qu'il voulait emporter dans sa chambre. Toute la compagnie, armée de lampes et de bougies, se dirigea vers une vaste salle du rez-de-chaussée, où les fourneaux, les cornues, les instruments philosophiques, les caisses, les malles, les sacs à vêtements, les boîtes à chapeaux et la fameuse machine à vapeur formaient un spectacle confus et amusant. spectacle. La lumière jouait sur cet intérieur, comme cela apparaît sur certaines photos de l'école hollandaise. Il jetait un regard sur les gros cylindres jaunes de la machine électrique, frappait les longues bouteilles de verre, rebondissait sur deux réflecteurs d'argent, et s'appuyait au passage sur un magnifique baromètre Fortin. Les Renault et leurs amis, groupés au milieu des loges, les uns assis, les autres debout, l'un tenant une lampe, l'autre une bougie, n'enlevaient rien au pittoresque de la scène.

Léon, muni d'un trousseau de petites clés, ouvrait les cartons les uns après les autres. Clémentine était assise en face de lui sur une grande boîte oblongue et le regardait de tous ses yeux, plus par affection que par curiosité. Ils commencèrent par mettre de côté deux énormes boîtes carrées qui ne contenaient que des échantillons minéralogiques. Après cela, ils passèrent en revue les richesses de toutes sortes que l'ingénieur avait entassées parmi son linge et ses vêtements.

Une agréable odeur de cuir de Russie, de thé des caravanes, de tabac du Levant et d'essence de roses imprégna bientôt le laboratoire. Léon enfantait petit à petit, comme c'est l'habitude de tous les riches voyageurs qui, en quittant la maison, laissaient derrière eux une famille et de nombreux amis. Il exposa tour à tour des étoffes des métiers asiatiques, des narguilés en argent repoussé de Perse, des boîtes de thé, des sorbets parfumés à la rose, des extraits précieux, des toiles d'or de Tarjok , des armures antiques, un service en argent dépoli de fabrication Toula, des bijoux montés. à la russe, des bracelets caucasiens, des colliers d'ambre laiteux et un sac de cuir rempli de turquoises, comme on en vend à la foire de Nijni Novgorod. Chaque objet passait de main en main au milieu de questions, d'explications et d'interjections de toutes sortes. Tous les amis présents ont reçu les cadeaux qui leur étaient destinés. Il y eut un concert de refus polis, de demandes amicales et de « remerciements » de toutes sortes de voix. Il est inutile de dire que la plus grande part échoit à Clémentine ; mais elle n'attendit pas qu'on la pressât de les accepter, car, dans l'état actuel des choses, toutes ces jolies choses ne feraient que partie des cadeaux de mariage et ne sortiraient pas de la famille.

Léon avait apporté à son père une très belle robe de chambre en drap brodé d'or, des livres anciens trouvés à Moscou, un joli tableau de Greuze, qui avait été écarté, par le plus heureux des hasards, dans une méchante boutique de Gastinitvor ; deux magnifiques spécimens de cristal de roche et une canne ayant appartenu à Humboldt. « Vous voyez, dit-il à M. Renault en lui remettant ce bâton historique, que le post-scriptum de votre dernière lettre n'est pas tombé par-dessus bord. Le vieux professeur reçut le présent avec une émotion visible.

"Je ne m'en servirai jamais", dit-il à son fils. " Le Napoléon de la science l'a tenu dans sa main : que penserait-on si un vieux sergent comme moi se permettait de le porter dans ses promenades dans les bois ? Et les collections ? Ne pouviez-vous rien acheter chez eux ? ils se vendent très cher ?"

"Ils n'ont pas été vendus", répondit Léon. "Tous ont été placés au Musée National de Berlin. Mais dans mon empressement à vous satisfaire, je me suis fait un voleur d'une étrange manière. Le jour même de mon arrivée, j'ai fait part de votre souhait à un guide qui me montrait les lieux. " Il m'a dit qu'un de ses amis, un petit courtier juif du nom de Ritter, voulait vendre un très beau spécimen anatomique qui avait appartenu à la succession. J'ai couru chez le juif, j'ai examiné la momie, car telle était la momie, et, sans marchander, il paya le prix qu'il demandait. Mais le lendemain, un ami de Humboldt, le professeur Hirtz, me raconta l'histoire de ce lambeau d'homme qui traînait dans le magasin depuis plus de dix ans, et n'a jamais appartenu à Humboldt. Où diable Gothon l'a -t-il caché ? Ah ! Mlle Clémentine est assise dessus.

Clémentine tenta de se lever, mais Léon la fit rester assise.

« Nous avons tout le temps, dit-il, de jeter un coup d'œil aux vieux bagages ;
en attendant, vous pouvez bien imaginer que ce n'est pas un spectacle très
gai. C'est l'histoire que m'a racontée le bon vieux Hirtz ; il a promis de
m'envoyer moi aussi un exemplaire d'un mémoire très curieux sur le même
sujet. Ne partez pas tout de suite, ma chère mademoiselle Sambucco , j'ai
pour vous un petit roman militaire et scientifique. Nous examinerons la
momie dès que j'en aurai vous a fait part de ses malheurs.

« Aha ! » s'écria M. Audret , l'architecte du château, c'est le roman de la
momie, n'est-ce pas, que tu vas nous raconter ? Trop tard mon pauvre Léon
! Théophile Gautier t'a devancé, dans le supplément du *Moniteur* , et tout le
monde connaît votre histoire égyptienne."

" Mon histoire, dit Léon, n'est pas plus égyptienne que celle de Manon
Lescault. Notre excellent docteur Martout , ici, devrait connaître le nom du
professeur John Meiser, de Dantzic ; il a vécu au début de ce siècle, et je
pense que sa dernière œuvre parut en 1824 ou 1825."

"En 1823", répondit M. Martout . "Meiser est un des hommes de science qui
ont fait le plus honneur à l'Allemagne. Au milieu de guerres terribles qui
ensanglantèrent son pays, il poursuivit les recherches de Leeuwenkoeck ,
Baker, Needham, Fontana et Spallanzani, sur la revivification des animaux.
... Notre profession honore en lui l'un des pères de la biologie moderne.

"Cieux ! Quels gros mots laids !" s'écria Mlle. Sambucco . "Est-ce décent de
garder les gens jusqu'à cette heure de la nuit, de leur faire écouter le
néerlandais ?"

"N'écoute pas les grands mots, chère petite tante . Garde-toi pour la
romance, puisqu'il y en a une."

« Un terrible ! » dit Léon. "Mlle Clémentine est assise au-dessus d'une victime
humaine, sacrifiée à la science par le professeur Meiser."

Clémentine se leva instantanément. Son fiancé lui tendit une chaise et s'assit
à la place qu'elle venait de quitter. Les auditeurs, craignant que le roman de
Léon ne soit en plusieurs volumes, prirent place autour de lui, les uns sur des
cartons, les autres sur des chaises.

CHAPITRE III.

LE CRIME DU SACRÉ PROFESSEUR MEISER.

« Mesdames, dit Léon, le professeur Meiser n'était pas un vulgaire malfaiteur, mais un homme dévoué à la science et à l'humanité. S'il a tué le colonel français qui repose en ce moment sous mes pans de manteau, c'est pour lui sauver la vie. ainsi que de jeter la lumière sur une question du plus profond intérêt, même pour chacun d'entre vous.

"La durée de notre existence est bien trop brève. C'est un fait que personne ne peut contredire. Nous savons que dans cent ans, aucune des neuf ou dix personnes rassemblées dans cette maison ne vivra devant le monde. terre. N'est-ce pas un fait déplorable ?

Mlle. Sambucco poussa un gros soupir et Léon continua :

" Hélas ! Mademoiselle, j'ai souvent soupiré comme vous à la contemplation de cette terrible nécessité. Vous avez une nièce, la plus belle et la plus adorable de toutes les nièces, et la vue de son charmant visage réjouit votre cœur. Mais vous aspirez à quelque chose de plus ; vous ne serez satisfait que lorsque vous aurez vu vos petits petits -neveux trotter. Vous les verrez, je le crois sincèrement. Mais verrez-vous leurs enfants ? C'est douteux. Leurs petits-enfants ? Impossible ! En ce qui concerne le dixième , vingtième, trentième génération, il ne sert même à rien de rêver.

"On en *rêve* pourtant, et peut-être n'est-il pas un homme qui ne se soit dit au moins une fois dans sa vie : 'Si seulement je pouvais revivre dans quelques siècles !' L'un souhaiterait revenir sur terre pour chercher des nouvelles de sa famille, un autre de sa dynastie. Un philosophe se demande si les idées qu'il a semées auront porté leurs fruits ; un homme politique, si son parti aura pris le dessus. ; avare, si ses héritiers n'ont pas dissipé la fortune qu'il a faite ; simple propriétaire terrien, si les arbres de son jardin ont grandi. Nul n'est indifférent aux destinées futures de ce monde, que nous parcourons au galop. dans quelques années, pour ne plus y revenir. Qui n'a pas envié le sort d' Épiménide , qui s'endormit dans une grotte, et, en rouvrant les yeux, s'aperçut que le monde avait vieilli ? Qui n'a pas rêvé, le son propre récit, de la merveilleuse aventure de la Belle endormie dans le bois ?

"Eh bien, mesdames, le professeur Meiser, l'un des hommes les moins visionnaires de l'époque, était persuadé que la science pouvait endormir un être vivant et le réveiller au bout d'un nombre infini d'années, arrêter toutes les fonctions de l'organisme. système, suspendre la vie elle-même, protéger un individu contre l'action du temps pendant un siècle ou deux, puis le ressusciter.

"C'était un imbécile alors !" s'écria madame Renault.

"Je ne le jurerais pas. Mais il avait ses propres idées sur le ressort qui meut un organisme vivant. Te souviens-tu, ma bonne mère, de l'impression que tu éprouvais quand tu étais petite fille, lorsqu'on te montrait pour la première fois l'intérieur. d'une montre en mouvement ? Vous étiez convaincu qu'il y avait à l'intérieur du boîtier un petit animal agité, qui travaillait vingt-quatre heures sur vingt-quatre à faire tourner les aiguilles. Si les aiguilles s'arrêtaient de marcher, vous disiez : "C'est parce que le petit animal est mort.' Mais peut-être était-il seulement endormi.

« On vous a expliqué depuis qu'une montre contient un assemblage de pièces bien ajustées les unes aux autres et maintenues bien huilées, qui, étant remontées, peuvent être considérées comme se mouvant spontanément dans une parfaite correspondance. Si un ressort se brise, si une un morceau de la roue est blessé, ou si un grain de sable s'insinue entre deux des pièces, la montre s'arrête, et les enfants disent avec raison : « Le petit animal est mort. Mais supposons une montre saine, bien faite, juste dans tous ses détails, et arrêtée parce que la machine ne fonctionnerait pas faute d'huile ; le petit animal n'est pas mort ; il suffit d'un peu d'huile pour le réveiller.

"Voici un chronomètre de premier ordre, fabriqué à Londres. Il tourne quinze jours sans être remonté. Je lui ai donné hier un tour de clé : il a donc treize jours pour fonctionner. Si je le jette par terre, ou si je casse le ressort, tout est fini. J'aurai tué le petit animal. Mais supposons que, sans rien endommager, je trouve le moyen de retirer ou de sécher la fine huile qui permet maintenant aux pièces de glisser les unes sur les autres : le petit animal sera-t-il mort ? Non ! Il dort. Et la preuve, c'est que je peux mettre ma montre dans un tiroir, l'y garder vingt-cinq ans, et si, au bout d'un quart de siècle, j'en mets une goutte d'huile dessus, les pièces se remettront à bouger. Tout ce temps se serait écoulé sans réveiller le petit animal endormi. Il lui restera encore treize jours, après le moment où il recommence.

"Tous les êtres vivants, selon l'opinion du professeur Meiser, sont des montres, ou des organismes qui se déplacent, respirent, se nourrissent et se reproduisent tant que leurs organes sont intacts et convenablement huilés. L'huile de la montre est représentée dans l'animal. par une énorme quantité d'eau. Chez l'homme, par exemple, l'eau fournit environ les quatre cinquièmes du poids total. Étant donné - un colonel pesant cent cinquante livres, il y a trente livres de colonel et cent vingt livres, soit environ soixante litres d'eau. C'est un fait prouvé par de nombreuses expériences. Je dis un colonel comme je dirais un roi : tous les hommes sont égaux lorsqu'on les soumet à l'analyse.

" Le professeur Meiser était convaincu, comme tous les physiologistes, que briser la tête d'un colonel, ou lui faire un trou dans le cœur, ou lui couper la colonne vertébrale en deux, c'est tuer le petit animal ; parce que le cerveau, le cœur, la moelle épinière sont les sources indispensables sans lesquelles la machine ne peut fonctionner. Mais il pensait aussi qu'en retirant soixante litres d'eau à une personne vivante, on ne fait qu'endormir le petit animal sans le tuer - qu'un colonel soigneusement séché , peut se conserver cent ans, puis reprendre vie chaque fois qu'on remplacera en lui la goutte d'huile, ou plutôt les soixante litres d'eau, sans lesquels la machine humaine ne peut se remettre en mouvement.

"Cette opinion, qui peut paraître inadmissible à vous et à moi aussi, mais qui n'est pas absolument rejetée par notre ami le docteur Martout , repose sur une série d'observations sûres que le moindre débutant peut vérifier aujourd'hui. Il y a des *animaux* qui peuvent être ressuscité : rien n'est plus sûr ni mieux prouvé. M. Meiser, comme l'abbé Spallanzani et bien d'autres, ramassait dans la gouttière de son toit quelques petits vers séchés, cassants comme du verre, et leur rendait la vie en les trempant dans l'eau. La capacité de revenir ainsi à la vie n'est pas le privilège d'une seule espèce : son existence a été établie de manière satisfaisante chez des animaux nombreux et divers : le genre Volvox, les petits vers ou vers dans le vinaigre, la boue, la pâte avariée ou le charbon des grains ; les Rotifères , espèce de petit coquillage protégé par une carapace, muni d'un bon appareil digestif, de sexes séparés, possédant un système nerveux à cerveau distinct, ayant soit un ou deux yeux, selon le genre, un cristallin. , et un nerf optique ; les Tardigrades, qui sont de petites araignées à six ou huit pattes, à sexes séparés, avec un appareil digestif régulier, une bouche, deux yeux, un système nerveux très bien défini et un système musculaire très bien développé ; tous meurent et ressuscitent dix ou quinze fois. fois consécutivement, au gré du naturaliste. On sèche un rotifère : bonne nuit à lui ; quelqu'un le trempe un peu et il se réveille pour vous souhaiter le bonjour. Tout dépend de la nécessité de prendre grand soin lorsqu'il est au sec. Vous comprenez que si quelqu'un se cassait simplement la tête, aucune goutte d'eau, ni rivière, ni océan ne pourrait le restaurer.

« Ce qui est merveilleux , c'est qu'un animal qui ne peut vivre plus d'un an, comme le petit ver dans le charbon des grains, puisse coucher vingt-quatre ans sans mourir, si on a pris la précaution de le dessécher.

"Needham en collectionna beaucoup en 1743 ; il les présenta à Martin Folkes, qui les donna à Baker, et ces intéressantes créatures ressuscitèrent dans l'eau en 1771. Ils éprouvèrent une rare satisfaction à donner un coup de coude à leur propre vingt-huitième génération. un homme qui devrait voir sa propre vingt-huitième génération devenir un grand-père heureux ?

« Un autre fait non moins intéressant est que les animaux desséchés ont une ténacité de vie bien plus grande que les autres. Si la température descendait soudainement de trente degrés dans ce laboratoire, nous aurions tous une inflammation des poumons. il y aurait danger de congestion du cerveau. Eh bien, un animal desséché, qui n'est pas absolument mort, et qui ressuscitera demain si je le trempe, affronte impunément des variations de quatre-vingt-quinze degrés six dixièmes. Meiser et bien d'autres l'ont prouvé.

« Reste donc à rechercher si un animal supérieur, un homme par exemple, peut être desséché sans conséquences plus désastreuses qu'un petit ver ou un tardigrade. M. Meiser était convaincu que cela est réalisable ; il écrit à cet effet dans tous ses livres, bien qu'il ne l'ait pas démontré par l'expérience.

" Maintenant, où y aurait-il du mal, mesdames ? Tous les hommes curieux de l'avenir, ou insatisfaits de la vie, ou mal en point avec leurs contemporains, pourraient se réserver pour un âge meilleur, et nous n'en aurions plus. Les valétudinaires, que la science ignorante du XIXe siècle déclare incurables, n'ont plus besoin de se faire sauter la cervelle : ils peuvent se sécher et attendre tranquillement dans une boîte jusqu'à ce que la médecine ait trouvé un remède à leur misanthropie. Les amants rejetés n'ont plus besoin de se jeter à la rivière, ils peuvent se mettre sous le récepteur d'une pompe à air et apparaître trente ans plus tard, jeunes, beaux et triomphants, satirisant l'âge de leurs cruels charmeurs et les payant. retour mépris pour mépris. Les gouvernements abandonneront l'habitude contre nature et barbare de guillotiner les gens dangereux. Ils ne les enfermeront plus dans des cellules exiguës à Mazas pour parfaire leur abrutissement ; ils ne les enverront pas à l'école de Toulon pour achever leur éducation criminelle. ; ils se contenteront de les sécher par lots, un pendant dix ans, un autre pendant quarante, selon la gravité de leurs déserts. Un simple entrepôt remplacera les prisons, les commissariats et les prisons. Il n'y aura plus d'évasion à craindre, plus de prisonniers à nourrir. Une énorme quantité de haricots secs et de pommes de terre moisies sera réservée à la consommation du pays.

« Vous avez, mesdames, une faible idée des bienfaits que le docteur Meiser espérait apporter à l'Europe en introduisant la dessiccation de l'homme. Il fit sa grande expérience en 1813 sur un colonel français, prisonnier, m'a-t-on dit, et condamné comme tel. un espion devant la cour martiale. Malheureusement, il n'a pas réussi ; car j'ai acheté le colonel et sa boîte pour le prix d'un cheval de cavalerie ordinaire, dans le magasin le plus sale de Berlin.

<hr>

CHAPITRE IV.

LA VICTIME.

« Mon cher Léon, dit M. Renault, vous me faites penser à une rentrée de collège. Nous avons écouté votre thèse comme on écoute le discours latin du professeur de rhétorique ; il y a toujours dans l'auditoire une majorité qui apprend rien, et une minorité qui n'y comprend rien. Mais tout le monde écoute patiemment, à cause des sensations qui vont venir. M. Martout et moi connaissons les ouvrages de Meiser et ceux de son distingué élève. Monsieur Pouchet , vous avez donc trop dit de ce qu'ils contiennent, si vous vouliez parler pour notre bénéfice ; et vous n'avez pas dit assez de ce qu'ils contiennent pour ces dames et ces messieurs qui ne connaissent rien des discussions existantes sur la question. principes vitaux et organiques.

« La vie est-elle un principe d'action qui anime les organes et les met en jeu ? N'est-elle pas au contraire simplement le résultat de l'organisation, le jeu des diverses fonctions de la matière organisée ? C'est un problème de la plus haute importance, qui Cela intéresserait les dames elles-mêmes, si on le leur plaçait clairement. Il suffirait de dire : « Nous cherchons s'il existe un principe vital, source de toutes les fonctions du corps, ou si la vie n'est pas simplement le résultat. du jeu régulier des organes ? Le principe vital, aux yeux de Meiser et de son disciple, n'existe pas ; s'il existait réellement, disent-ils, on ne pourrait pas comprendre comment il peut quitter un homme et un tardigrade lorsqu'ils sont desséchés. , et reviens-y quand ils seront trempés. Or, s'il n'y a pas de principe vital, il faudra reconstruire toutes les théories métaphysiques et morales qu'on a hypothéquées sur son existence. Ces dames vous ont écouté patiemment, ce n'est que justice pour elles de l'admettre ; mais tout ce qu'elles ont été Ce que je peux comprendre de votre discours un peu latino , c'est que vous leur avez donné une dissertation au lieu du roman que vous aviez promis. Mais nous vous pardonnons tous pour le bien de la momie que vous allez nous montrer. Ouvrez la loge du colonel.

"Nous avons bien mérité cette vue !" s'écria Clémentine en riant.

"Mais si tu avais peur ?"

« Je voudrais que vous sachiez, monsieur, que je n'ai peur de personne, pas même des colonels vivants !

Léon prit son trousseau de clés et ouvrit la longue boîte en chêne sur laquelle il était assis. Le couvercle étant soulevé, ils aperçurent un grand coffret de plomb qui renfermait une magnifique boîte en noyer soigneusement polie à l'extérieur, et doublée à l'intérieur de soie blanche et capitonnée. Les autres approchèrent leurs lampes et leurs bougies, et le colonel du 23e de ligne

apparut comme s'il se trouvait dans une chapelle illuminée pour sa cérémonie
.

On aurait dit que l'homme dormait. La parfaite conservation du corps
attestait des soins paternels du meurtrier. C'était vraiment une préparation
remarquable, et eût supporté la comparaison avec les plus belles momies
européennes décrites par Vicq d'Azyr en 1779 et par Puymaurin fils en 1787.

La partie la mieux conservée, comme toujours, était le visage. Tous les traits
avaient conservé une expression fière et virile. Si un vieil ami du colonel avait
été présent à l'ouverture de la troisième loge, il l'aurait reconnu au premier
regard.

Sans doute la pointe du nez était un peu plus pointue, les narines moins
élargies et plus fines, et l'arête un peu plus marquée qu'en 1813. Les paupières
étaient amincies, les lèvres pincées, les coins de la bouche tirés vers le bas, la
joue les os trop saillants et le cou visiblement rétréci, ce qui exagérait la
proéminence du menton et du larynx. Mais les paupières étaient fermées sans
contraction, et les orbites beaucoup moins creuses qu'on aurait pu s'y
attendre ; la bouche n'était pas du tout déformée comme celle d'un cadavre ;
la peau était légèrement ridée mais n'avait pas changé de couleur ; il était
seulement devenu un peu plus transparent, montrant tant bien que mal la
couleur des tendons, de la graisse et des muscles, partout où il reposait
directement sur eux. Il avait également une teinte rosée que l'on ne voit
habituellement pas sur les cadavres embaumés. Le docteur Martout
expliquait cette anomalie en disant que si le colonel avait effectivement été
séché vivant, les globules du sang n'étaient pas décomposés, mais
simplement recueillis dans les vaisseaux capillaires de la peau et des tissus
sous-jacents où ils conservaient encore leur propre couleur, et pouvaient être
se voit plus facilement qu'autrement, en raison de la semi-transparence de la
peau.

L'uniforme était devenu beaucoup trop grand, comme on peut le
comprendre ; même si, à première vue, il ne semblait pas que les membres
se soient déformés. Les mains étaient sèches et anguleuses, mais les ongles,
quoique un peu recourbés vers la racine, avaient conservé toute leur
fraîcheur. Le seul changement très visible était l'enfoncement excessif des
parois abdominales, qui semblaient resserrées vers le côté postérieur ; à
droite, une légère élévation indiquait la place du foie. Un coup du doigt sur
les diverses parties du corps produisait un bruit semblable à celui du cuir sec.
Pendant que Léon signalait ces détails à son auditoire et faisait les honneurs
de sa maman , il cassa maladroitement la partie inférieure de l'oreille droite,
et un petit morceau du Colonel resta dans sa main.

Ce petit accident aurait pu passer inaperçu, si Clémentine, qui suivait avec
une émotion visible tous les mouvements de son amant, n'avait laissé tomber

sa bougie et poussé un cri d'effroi. Tous rassemblés autour d'elle. Léon la prit dans ses bras et la porta jusqu'à une chaise. M. Renault courait après les sels. Elle était pâle comme la mort et semblait sur le point de s'évanouir.

Mais elle se reprit bientôt et rassura tous par un charmant sourire.

" Pardonnez-moi, dit-elle, une démonstration de terreur si ridicule ; mais ce que nous disait M. Léon... et puis... cette silhouette qui semblait endormie... il m'a semblé que le pauvre homme était allait ouvrir la bouche et crier quand il était blessé.

Léon s'empressa de fermer la boîte en noyer, tandis que M. Martout ramassa le morceau d'oreille et le mit dans sa poche. Mais Clémentine, tout en continuant à sourire et à s'excuser, fut prise d'un nouveau regain d'émotion et fondit en larmes. L'ingénieur se jetait à ses pieds, lui débitait des excuses et des phrases tendres, et faisait tout ce qu'il pouvait pour consoler son inexplicable chagrin. Clémentine s'essuya les yeux, parut plus jolie que jamais et soupira à lui briser le cœur, sans savoir pourquoi.

"Bête que je suis!" murmura Léon en s'arrachant les cheveux. "Le jour où je la revois après trois ans d'absence, je ne trouve rien de plus inspirant que de lui montrer des momies !" Il lança un coup de pied dans le triple cercueil du colonel en disant : « J'aimerais que le diable ait ce maudit colonel !

"Non!" s'écria Clémentine avec un redoublement d'énergie et d'émotion. " Ne le maudissez pas, monsieur Léon ! Il a tant souffert ! Ah ! pauvre, pauvre malheureux ! "

Mlle. Sambucco eut un peu honte. Elle excusa sa nièce et déclara que jamais, depuis sa plus tendre enfance, elle n'avait manifesté une sensibilité aussi extrême. M. et Mme. Renault, qui l'avait vue grandir ; le docteur Martout qui lui avait assumé la sinécure de médecin ; l'architecte, le notaire, en un mot, toutes les personnes présentes étaient plongées dans un état de stupéfaction absolue. La clémentine n'était pas une plante sensible. Elle n'était même pas une écolière romantique. Sa jeunesse n'avait pas été nourrie par Anne Radcliffe, elle ne s'inquiétait pas des fantômes, et elle traversait la maison très tranquillement à dix heures du soir sans bougie. Lorsque sa mère mourut, quelques mois avant le départ de Léon, elle ne voulut voir personne partager avec elle la triste satisfaction de veiller et de prier dans la chambre mortuaire.

" Cela nous apprendra, " dit la tante, " à veiller après dix heures. Quoi ! Il est minuit, un quart d'heure moins ! Viens, mon enfant, tu iras mieux assez vite après être arrivé à lit."

Clémentine se leva docilement, mais au moment de sortir du laboratoire elle revint sur ses pas, et avec un caprice plus inexplicable que sa douleur, elle désira absolument revoir la momie du colonel. Sa tante grondait en vain ;

malgré les remarques de Mlle. Sambucco et toutes les personnes présentes, elle rouvrit la boîte en noix, s'agenouilla près de la momie et l'embrassa sur le front.

"Pauvre homme!" dit-elle en se levant, comme il a froid ! Monsieur Léon, promettez-moi que s'il est mort vous le ferez mettre en terre consacrée !

— Comme il vous plaira, Mademoiselle. J'avais prévu de l'envoyer au musée anthropologique, avec la permission de mon père ; mais vous savez que nous ne pouvons rien vous refuser.

Ils ne se séparèrent pas aussi gaiement et beaucoup qu'ils s'étaient rencontrés. M. Renault et son fils escortaient Mlle. Sambucco et sa nièce à leur porte, et rencontrèrent le grand colonel de cuirassiers qui honorait Clémentine de ses attentions. La jeune fille serra tendrement le bras de son fiancé et dit : "Voici un homme qui ne me voit jamais sans soupirer. Et quels soupirs ! Grand Dieu ! Il n'en faudrait pas plus de deux pour remplir les voiles d'un navire . La race des colonels a considérablement dégénéré depuis 1813. On n'en voit plus d'aussi beaux que notre malheureux ami.

Léon était d'accord avec tout ce qu'elle disait. Mais il ne voyait pas exactement comment il était devenu l'ami d'une momie pour laquelle il venait de payer vingt-cinq louis. Pour détourner la conversation, il dit à Clémentine : « Je ne vous ai pas encore montré toutes les belles choses que j'ai apportées. Sa majesté l' Empereur de toutes les Russies m'a fait cadeau d'une petite étoile d'or émaillée suspendue au bout d'un fil. ruban. Vous aimez les rubans à boutonnières ?

"Oh oui!" répondit-elle, le ruban rouge de la Légion d'honneur. L'avez-vous remarqué ? Le pauvre colonel en a encore un lambeau sur son uniforme, mais la croix n'y est plus. Ces méchants Allemands le lui ont arraché quand ils l'ont pris. prisonnier!"

"C'est très possible", a déclaré Léon.

Lorsqu'ils atteignirent Mlle. Chez Sambucco , il était temps de se séparer. Clémentine tendit la main à Léon, qui aurait été plus content de sa joue.

Le père et le fils rentraient chez eux bras dessus, bras dessous, à pas lents, se livrant à d'interminables conjectures sur les émotions fantasques de Clémentine.

Mme. Renault attendait pour coucher son fils ; une habitude séculaire et touchante que les mères ne perdent pas de bonne heure. Elle lui montra le bel appartement au-dessus du salon et du laboratoire de M. Renault, préparé pour son futur domicile.

"Tu seras bien ici comme un petit coq dans une tarte", dit-elle en lui montrant une chambre à coucher assez merveilleuse par son confort. "Tous les meubles sont moelleux et arrondis, sans un seul angle. Un aveugle pourrait se promener ici sans aucune crainte de se blesser. Voyez comme j'entends le confort domestique ! Eh bien, chaque fauteuil peut être un ami ! Cela vous coûtera une somme d'argent. Les frères Penon sont venus exprès de Paris. Mais il faut qu'un homme soit bien chez lui, pour ne pas avoir la tentation d'aller à l'étranger.

Ce doux bavardage maternel durait deux bonnes heures, et il concernait en grande partie Clémentine, comme vous le supposerez facilement. Léon l'avait trouvée plus jolie qu'il ne l'avait rêvé dans ses plus douces visions, mais moins aimante. "Le diable m'emmène !" dit-il en soufflant sa bougie ; "On pourrait croire que ce maudit Colonel en peluche était venu se glisser entre nous."

<hr>

CHAPITRE V.

RÊVES D'AMOUR ET AUTRES RÊVES.

Léon a appris à ses dépens qu'une bonne conscience et un bon lit ne suffisent pas à assurer un bon sommeil. Il était couché comme un sybarite, innocent comme un berger arcadien, et d'ailleurs fatigué comme un soldat après une marche forcée ; néanmoins une sourde insomnie le pesa jusqu'au matin. En vain il se jetait dans toutes les positions possibles, comme pour déplacer le fardeau d'une épaule sur l'autre. Il ne ferma les yeux qu'après avoir aperçu les premières lueurs de l'aube argentées dans les fentes de ses volets.

Il s'endormit en pensant à Clémentine ; un rêve obligeant lui montra bientôt l'image de celle qu'il aimait. Il la vit en costume de mariée, dans la chapelle du château impérial. Elle s'appuyait au bras de M. Renault aîné, qui avait mis des éperons en l'honneur de la cérémonie. Léon le suivit après avoir donné le bras à Mlle. Sambucco ; l'ancienne jeune fille était décorée des insignes de la Légion d'honneur. En approchant de l'autel, l'époux remarqua que les jambes de son père étaient maigres comme des balais, et, au moment où il allait exprimer son étonnement, M. Renault se retourna et lui dit : « Elles sont maigres parce qu'elles sont desséchées ; mais elles sont pas déformé. » Pendant qu'il donnait cette explication, sa figure changea, ses traits changeèrent, il se lança une moustache noire et devint terriblement semblable au colonel. La cérémonie commença. Le chœur était rempli de tardigrades et de rotifères grands comme des hommes et habillés comme des choristes : ils entonnèrent solennellement un hymne du compositeur allemand Meiser, qui commençait ainsi :

principe vital Est une hypothèse gratuite !

La poésie et la musique parurent admirables à Léon ; il essayait de les graver dans sa mémoire, lorsque le prêtre officiant s'avança vers lui avec deux anneaux d'or sur un plateau d'argent. Ce prêtre était un colonel de cuirassiers en grand uniforme. Léon se demanda quand et où il l'avait rencontré. C'était la veille au soir, devant la porte de Clémentine. Le cuirassier murmura ces mots : « La race des colonels a beaucoup dégénéré depuis 1813. » Il poussa un profond soupir, et la nef de la chapelle, qui était un navire de ligne, fut poussée sur l'eau à une vitesse de quarante nœuds. Léon prit tranquillement la petite bague d'or et s'apprêta à la passer au doigt de Clémentine, mais il s'aperçut que la main de sa fiancée était desséchée ; les ongles seuls avaient conservé leur fraîcheur naturelle. Il eut peur et s'enfuit à travers l'église, qu'il trouva remplie de colonels de tout âge et de toute espèce. La foule était si dense que les efforts les plus inouïs ne parvenaient pas à la pénétrer. Il s'échappe enfin, mais entend derrière lui les pas précipités d'un homme qui tente de le rattraper. Il double sa vitesse, il se met à quatre pattes, il galope, il hennit, les arbres sur le chemin semblent voler derrière lui, il ne touche plus terre. Mais l'ennemi arrive plus vite que le vent ; Léon entend le bruit de ses pas, le tintement de ses éperons ; il rattrape Léon, le saisit par la crinière, se jette d'un bond sur le dos et l'aiguillonne avec l'éperon. Léon se cabre ; le cavalier se penche vers son oreille et lui dit en le caressant de son fouet : « Je ne suis pas lourd à porter : trente livres de colonel. L'amant malheureux de Mlle. Clémentine fait un violent effort et bondit de côté ; le colonel tombe et tire son épée. Léon ne perd pas de temps ; il se met en garde et se bat, mais sent presque instantanément l'épée du colonel lui pénétrer jusqu'au cœur. Le froid de la lame se propage de plus en plus loin, et finit par geler Léon de la tête aux pieds. Le colonel s'approche et dit en souriant : « Le ressort est cassé ; le petit animal est mort. Il met le corps dans la caisse en noyer, trop courte et trop étroite. A l'étroit de toutes parts, Léon se débat, se tend et se réveille, épuisé de fatigue et à moitié étouffé entre le lit et le mur.

Il enfila rapidement ses pantoufles, souleva avec empressement les fenêtres et poussa les volets. « Il fit la lumière et vit que c'était bon », comme il est écrit ailleurs. * * * * * * * * * * * * * * Brrroum ! Il se débarrassa des souvenirs de son rêve comme un chien mouillé se débarrasse des gouttes d'eau. Le célèbre chronomètre de Londres lui indiqua qu'il était neuf heures. Une tasse de chocolat, servie par Gothon , ne l'a pas peu aidé à démêler ses idées. En procédant à sa toilette, dans un cabinet de toilette très clair, gai et commode, il se réconcilia avec les réalités de la vie. « Tout bien considéré, se dit-il en peignant sa barbe jaune, rien ne m'est venu que le bonheur. Me voici dans mon pays natal, avec ma famille et dans une jolie maison qui est la nôtre. Mon père et ma mère. "Je me porte bien tous les deux, et, pour ma part, je jouis de la santé la plus luxuriante. Notre fortune est médiocre, mais nos goûts le sont aussi, et nous n'éprouverons jamais le besoin de rien. Nos amis m'ont reçu hier à bras ouverts ; et quant à Nous n'avons pas d'ennemis. La plus jolie fille de Fontainebleau veut bien devenir ma femme ; je peux l'épouser en moins de trois semaines si je juge bon de hâter un peu les choses. Clémentine ne m'a pas rencontré comme si je ne l'intéressais pas. " Loin de là. Ses beaux yeux m'ont souri hier soir avec le regard le plus tendre. Il est vrai qu'elle a pleuré à la fin, c'est trop sûr. C'est mon seul chagrin, ma seule inquiétude, la seule cause de ce rêve insensé. Je l'ai fait hier soir. Elle a pleuré, mais pourquoi ? Parce que j'étais assez bête pour la régaler d'un sermon, et cela aussi sur une momie. D'accord! Je ferai enterrer la momie ; Je retiendrai mes dissertations, et rien au monde ne viendra troubler notre bonheur. »

Il descendit les escaliers en fredonnant un air du *Nozze* . M. et Mme. Renault, qui n'avait pas l'habitude de se coucher après minuit, dormait encore. En entrant dans le laboratoire, il vit que la triple boîte du Colonel était fermée.

Gothon avait placé une petite croix en bois et un brin de boîte consacrée sur le couvercle. "Autant commencer des messes pour son âme", murmura-t-il entre ses dents, avec un sourire qui aurait pu être un peu sceptique . En même temps , il remarqua que Clémentine, dans son agitation, avait oublié les cadeaux qu'il lui avait apportés. Il en fit un paquet, regarda sa montre, et conclut qu'il n'y aurait aucune indiscrétion à s'efforcer d'aller chez Mlle. Celui de Sambucco .

La tante très respectée était une lève-tôt, comme c'est généralement le cas dans les campagnes, et d'ailleurs elle était déjà allée à l'église, et Clémentine jardinait près de la maison. Elle courut vers son amant sans songer à jeter le petit râteau qu'elle tenait à la main, et, avec le plus doux sourire du monde, lui releva ses jolies joues roses, un peu humides et rougies par la douce chaleur du plaisir et de l'exercice.

"Tu n'es pas contrarié par moi ?" dit-elle. " J'ai été très ridicule hier soir. Ma tante m'a grondé par-dessus le marché. Et j'ai oublié de prendre chez les sauvages les jolies choses que vous m'avez apportées ! Mais ce n'est pas par manque d'appréciation. Je suis si heureuse de voir que vous J'ai toujours pensé à moi comme j'ai pensé à toi ! J'aurais pu les faire venir aujourd'hui, mais je suis agréablement attendu. Mon cœur m'a dit que tu viendrais toi-même.

"Ton cœur m'a connu, chère Clémentine."

"Ce serait bien dommage qu'il ne connaisse pas son propriétaire."

"Comme tu es bon et combien je t'aime!"

"Oh ! Moi aussi, cher Léon, je t'aime beaucoup."

Elle appuya le râteau contre un arbre et l'accrocha au bras de son futur mari avec cette grâce souple et languissante dont les créoles ont le secret.

"Viens par ici", dit-elle, "afin que je puisse te montrer toutes les améliorations que nous avons apportées au jardin."

Léon admirait tout ce qu'elle voulait qu'il fasse. Le fait est qu'il n'avait d'yeux que pour elle. La grotte de Polyphème et la grotte de Cæcus lui auraient paru plus agréables que les jardins d'Armide, si la petite veste rouge de Clémentine s'y était promenée.

Il lui demanda si elle n'éprouvait pas quelque regret de quitter une retraite si charmante et qu'elle avait embellie avec tant de soin.

"Pourquoi?" demanda-t-elle sans penser à rougir. "Nous n'irons pas loin, et d'ailleurs, ne viendrons-nous pas ici tous les jours ?"

Le mariage prochain était une chose si bien réglée, qu'on n'en avait même pas parlé la veille au soir. Il ne restait plus qu'à publier les interdictions et à fixer la date. Clémentine, cœur simple et honnête, s'exprimait sans aucune fausse pudeur sur un événement si tout à fait attendu, si naturel et si agréable. Elle avait fait part de ses goûts à Mme. Renault dans l'agencement des nouveaux appartements et choisit elle-même les tentures ; et elle ne faisait plus aucune cérémonie pour parler avec ses futurs invités de la vie commune heureuse qui allait commencer pour eux, des personnes qu'ils inviteraient à la cérémonie du mariage, des noces à faire ensuite, du jour qui devait se passer. être réservé aux réceptions et au temps qu'ils consacreraient à la société de chacun et au travail. Elle s'informa de l'occupation que Léon comptait se faire et des heures qu'il consacrerait de préférence à l'étude. Cette excellente petite femme eût eu honte de porter le nom d'un paresseux, et malheureuse de passer ses journées avec un fainéant. Elle a promis à Léon à l'avance de respecter son travail comme une chose sacrée. De son côté, elle entendait bien mettre aussi son temps à profit et ne pas vivre les bras croisés. Au début, elle s'occuperait du ménage, sous la direction de Madame Renault, qui commençait à trouver cela un peu fastidieux. Et puis n'aurait-elle pas bientôt des enfants à élever, à élever et à éduquer ? C'était un plaisir noble et utile qu'elle n'entendait partager avec personne . Néanmoins, elle enverrait ses fils au collège, afin de les préparer à vivre dans le monde, et de leur enseigner de bonne heure ces principes de justice et d'égalité qui sont le fondement de tout bon caractère viril. Léon la laissait parler, l'interrompant seulement pour être d'accord avec elle : car ces deux jeunes gens, élevés et élevés dans les mêmes idées, voyaient tout avec les mêmes yeux. L'éducation avait créé cette agréable harmonie plutôt que l'Amour.

« Savez-vous, dit Clémentine, que j'ai ressenti une affreuse palpitation de cœur en entrant dans la chambre où vous étiez hier ?

"Si tu penses que mon cœur bat moins violemment que le tien..."

" Oh ! mais c'était autre chose pour moi : j'avais peur. "

"De quoi ?"

"J'avais peur de ne pas te retrouver tel que je t'avais vu dans mes pensées. Souviens-toi que cela faisait trois ans que nous ne nous sommes pas dit au revoir. Je me souvenais distinctement de ce que tu étais quand tu es parti, et, avec l'imagination aidant un peu la mémoire, j'avais reconstruit mon Léon tout entier. Mais si tu ne lui avais plus ressemblé ! Que serais-je devenu en présence d'un nouveau Léon, quand j'avais pris l'agréable habitude d'aimer l'autre ?

"Tu me fais trembler. Mais ton premier salut m'a rassuré d'avance."

" Eh bien, monsieur ! Ne parlez pas de ce premier salut, sinon vous me feriez rougir une seconde fois. Parlons plutôt de ce pauvre colonel qui m'a fait verser tant de larmes. Comment se porte-t-il ce matin ? "

"J'ai oublié de me renseigner sur son état de santé, mais si tu veux que je le fasse..."

"C'est inutile. Vous pouvez lui annoncer une visite de ma part aujourd'hui. Il faut absolument que je le voie ce midi."

" Vous seriez bien raisonnable d'abandonner cette fantaisie. Pourquoi vous exposer à nouveau à des émotions si douloureuses ? "

" L'envie est plus forte que moi. Sérieusement, cher Léon, le vieux m'attire. "

« Pourquoi 'mon vieux ?' Il a l'apparence d'un homme mort entre vingt-cinq et trente ans. »

"Es-tu vraiment sûr qu'il est mort ? J'ai dit 'mon vieux' à cause d'un rêve que j'ai fait la nuit dernière."

"Ha ! Toi aussi ?"

"Oui. Vous vous souvenez de mon agitation en vous quittant, et d'ailleurs, j'avais été grondé par ma tante. Et aussi, j'avais pensé à des spectacles terribles, à ma pauvre mère allongée sur son lit de mort. En fait, mon moral était vraiment brisé. »

"Pauvre cher petit coeur !"

plus penser à rien , je me couchai vite et fermai les yeux de toutes mes forces, si fort même que je m'endormis. Je ne tardai pas à voir le colonel. Il gisait comme je l'ai vu dans son triple cercueil, mais il avait de longs cheveux blancs et une apparence des plus bénignes et vénérables. Il nous a prié de le mettre en terre consacrée, et nous l'avons porté, vous et moi, à Fontainebleau. cimetière. En arrivant au tombeau de ma mère, nous avons vu que la pierre était déplacée. Ma mère, en robe blanche, était déplacée de manière à lui faire une place à côté d'elle, et elle semblait attendre le colonel. Mais chaque fois que nous essayions de le déposer en bas, le cercueil quittait nos mains et restait suspendu en l'air, comme s'il n'avait aucun poids. Je distinguais les traits du pauvre vieillard, car son triple cercueil était devenu aussi transparent que la lampe d'albâtre qui brûlait près du plafond de ma chambre. Il était triste, et son oreille cassée saignait abondamment. Tout à coup il s'échappa de nos mains, le cercueil disparut, et je ne vis que lui, pâle comme une statue et grand comme les plus hauts chênes du *bas-Breau* . Ses épaulettes d'or s'étalèrent et devinrent des ailes, et il s'éleva vers le ciel, nous tenant ses deux mains comme pour nous bénir. Je me suis réveillé tout en larmes, mais je n'ai pas raconté mon rêve à ma tante, car elle m'aurait encore grondé.

" Personne ne doit être grondé sauf moi, ma chère Clémentine. C'est ma faute si ton doux sommeil est troublé par des visions de l'autre monde. Mais tout cela va bientôt s'arrêter : aujourd'hui je vais chercher un réceptacle précis pour le colonel."

CHAPITRE VI.

LE CAPRICE D'UNE JEUNE FILLE.

Clémentine avait un cœur jeune et frais. Avant de connaître Léon, elle n'avait aimé qu'une seule personne : sa mère. Aucun cousin, ni oncle, ni tante, ni grand-père, ni grand-mère, n'avait dissipé, en le partageant entre eux, ce petit trésor d'affection que les enfants bien constitués mettent au monde. La grand-mère, Clémentine Pichon, se maria à Nancy en janvier 1814 et mourut trois mois plus tard dans la banlieue de Toulon, lors de son premier accouchement. Le grand-père, M. Langevin, sous-commissaire de première classe, étant resté veuf, avec une fille au berceau, se consacre à l'éducation de son enfant. Il la donna, en 1835, à M. Sambucco , homme estimable et agréable, d'origine italienne, né en France, et conseiller du roi à la cour de Marseille. En 1838, M. Sambucco , qui était un homme d'une grande indépendance, parce qu'il disposait de ressources propres, d'une manière très honorable pour lui, encourut la mauvaise volonté du garde des Sceaux. Il fut donc nommé avocat général en Martinique et, après quelques jours d'hésitation, accepta d'être muté dans cette région reculée. Mais le vieux M. Langevin ne se consolait pas facilement du départ de sa fille : il mourut deux ans plus tard sans avoir embrassé la petite Clémentine, dont il était destiné à être le parrain. M. Sambucco , son gendre, perdit la vie en 1843, lors d'un tremblement de terre. Les journaux de la colonie et de la métropole racontaient alors combien il avait été victime de son dévouement envers autrui. Après cet affreux malheur, la jeune veuve s'empressa de repasser la mer avec sa fille. Elle s'installe à Fontainebleau, afin que l'enfant puisse vivre dans une atmosphère saine. Fontainebleau est l'un des endroits les plus sains de France. Si Mme. Sambucco avait été une aussi bonne gestionnaire que sa mère, elle aurait laissé à Clémentine une fortune respectable, mais elle réglait mal ses affaires et se mettait dans de gros embarras. Un notaire voisin la délivra d'une grosse somme ; et deux fermes qu'elle avait chèrement payées ne lui rapportaient presque rien. Bref, elle ne savait plus quelle était sa situation, et commençait à en perdre tout contrôle, lorsqu'une sœur de son mari, vieille fille, pincée et pieuse, exprima le désir de vivre avec elle et d'utiliser leurs ressources en commun. L'arrivée de cette vieille fille aux longues dents effraya étrangement la petite Clémentine, qui se cachait sous les meubles et se blottit parmi les jupes de sa mère ; mais c'était le salut de la maison. Mlle. Sambucco n'était pas une des femmes les plus spirituelles ni l'une des plus romantiques, mais elle était l'Ordre incarné. Elle réduisit les dépenses, géra elle-même les ressources, vendit les deux fermes en 1847 et en acheta environ trois pour cent. en 1848, et rétablit un équilibre stable dans le budget. Grâce aux talents et à l'activité de cette intendante, la douce et imprévoyante veuve n'avait plus qu'à caresser son enfant. Clémentine a appris à honorer les vertus de sa tante, mais elle adorait sa mère. Lorsqu'elle eut le malheur de la perdre, elle se retrouva seule au monde, appuyée sur Mlle. Sambucco , comme une jeune plante sur un support de bois sec. C'est alors que son amitié pour Léon brillait d'un vague rayon d'amour ; et le jeune Renault profita du besoin d'expansion qui remplissait cette âme juvénile.

Durant les trois longues années que Léon passa loin d'elle, Clémentine ne se doutait guère qu'elle était seule. Elle aimait et se sentait aimée en retour ; elle avait confiance en l'avenir et une vie intérieure de tendresse et d'espérance timide ; et ce cœur noble et doux n'exigeait rien de plus.

Mais ce qui étonna complètement sa fiancée, sa tante et elle-même, et renversa étrangement toutes les théories les mieux accréditées sur le cœur féminin, ce que, en effet, la raison eût refusé de croire, s'il n'avait été établi par les faits, c'est que le jour où elle retrouva le mari de son choix, une heure après s'être jetée dans les bras de Léon avec une grâce si pleine de confiance, Clémentine fut si brusquement envahie par un sentiment nouveau qui n'était ni l'amour, ni l'amitié, ni la peur, mais les transcendait tous. et parlait avec un ton de maître dans son cœur.

Dès l'instant où Léon lui avait montré la figure du Colonel, elle avait été prise d'une véritable passion pour cette momie sans nom. Cela n'avait rien à voir avec ce qu'elle ressentait envers la jeune Renault, mais c'était une combinaison d'intérêt, de compassion et de sympathie respectueuse.

Si quelqu'un avait raconté quelque fait d'armes célèbre ou quelque histoire romanesque dont le colonel avait été le héros, cette impression eût été naturelle, ou du moins explicable. Mais elle ne savait rien de lui, sinon qu'il avait été condamné comme espion par un conseil de guerre, et pourtant elle rêva de lui la nuit même après le retour de Léon.

Cette prétention inexplicable s'est d'abord manifestée sous une forme religieuse. Elle fit dire une messe pour le repos de l'âme du colonel et engagea Léon à préparer les funérailles, en choisissant elle-même le lieu où il serait enterré. Ces divers soins ne lui faisaient jamais omettre la visite quotidienne de la caisse de noyer, ni le fléchissement respectueux du genou devant le corps, ni le baiser fraternel ou filial qu'elle déposait régulièrement sur son front. La famille Renault s'inquiéta bientôt de symptômes aussi étranges et hâta l'enterrement du séduisant inconnu, afin de se débarrasser de lui au plus vite. Mais la veille de celle fixée pour la cérémonie, Clémentine changea d'avis.

" De quel droit pouvaient-ils enfermer dans le tombeau un homme qui, peut-être, n'était pas mort ? Les théories du savant docteur Meiser n'étaient pas telles qu'on pût les rejeter sans examen. La question méritait au moins quelques jours de réflexion. " N'était-il pas possible de soumettre le corps du colonel à quelques expériences ? Le professeur Hirtz, de Berlin, avait promis d'envoyer de précieux documents sur la vie et la mort de ce malheureux officier : rien ne devait être entrepris avant de les avoir reçus ; il fallait que quelqu'un écrire à Berlin pour hâter l'envoi de ces papiers.

Léon soupira, mais se laissa aller sans se plaindre à ce nouveau caprice et écrivit à M. Hirtz.

Clémentine a trouvé un allié dans cette deuxième campagne en la personne du Docteur Martout . Même s'il n'était qu'un praticien moyen et dédaignait beaucoup trop l'acquisition de la pratique, M. Martout ne manquait pas de connaissances. Il étudiait depuis longtemps cinq ou six grandes questions de physiologie, telles que la réanimation, la génération spontanée et les sujets qui y sont liés. Une correspondance régulière le tenait au courant de toutes les découvertes récentes ; il était l'ami de M. Pouchet , de Rouen ; et il connut aussi le célèbre Karl Nibor, qui a porté l'usage du microscope dans des recherches si vastes et si profondes. M. Martout avait desséché et ressuscité des milliers de petits vers, rotifères et tardigrades ; il soutenait que la vie n'est qu'une organisation en action et que l'idée de ressusciter un homme desséché n'a rien d'absurde. Il se livra à de longues méditations lorsque le professeur Hirtz envoya de Berlin le document suivant, dont l'original est classé parmi les manuscrits de la collection Humboldt.

CHAPITRE VII.

VOLONTÉ DU PROFESSEUR MEISER EN FAVEUR DU COLONEL DESSÉCHÉ.

En ce 20 janvier 1824, étant épuisé par une cruelle maladie et sentant approcher le moment où ma personne sera absorbée dans le Grand Tout ;

J'ai écrit de ma propre main ce testament qui est l'expression de ma dernière volonté.

Je nomme comme exécuteur testamentaire mon neveu Nicolas Meiser, riche brasseur de la ville de Dantzic .

Je lègue mes livres, papiers et collections scientifiques de toutes sortes, à l'exception du numéro 3712, à mon très estimable et érudit ami, Herr Von Humboldt.

Je lègue tout le reste de mes effets, réels et personnels, évalués à 100 000 thalers prussiens ou 375 000 francs, au colonel Pierre Victor Fougas , actuellement desséché, mais vivant, et inscrit à mon catalogue en face du n° 3712 (Zoologie).

J'espère qu'il acceptera cette faible compensation pour les épreuves qu'il a subies dans mon laboratoire et pour les services qu'il a rendus à la science.

Enfin, afin que mon neveu Nicolas Meiser comprenne exactement les fonctions que je lui laisse remplir, j'ai résolu d'inscrire ici un récit détaillé de la dessiccation du colonel Fougas , mon unique héritier.

Ce fut le 11 novembre de cette malheureuse année 1813, que commencèrent mes relations avec ce brave jeune homme. J'avais quitté depuis longtemps Dantzic , où le bruit du canon et le danger des bombes avaient rendu tout travail impossible, et je me suis retiré avec mes instruments et mes livres sous la protection des armées alliées dans la ville fortifiée de Liebenfeld . Les garnisons françaises de Dantzic , Stettin, Custrin , Glogau , Hambourg et plusieurs autres villes allemandes ne pouvaient communiquer entre elles ni avec leur pays natal ; pendant ce temps, le général Rapp se défendait obstinément contre la flotte anglaise et l'armée russe. Le colonel Fougas fut emmené par un détachement du corps Barclay de Tolly, alors qu'il tentait de passer la Vistule sur la glace, en route vers Dantzic . On l'amena prisonnier à Liebenfeld le 11 novembre, juste à l'heure de mon dîner, et le sergent Garok, qui commandait dans le village, m'obligea à assister à l'interrogatoire et à servir d'interprète.

Le visage ouvert, la voix virile, la fermeté fière et la belle démarche du malheureux jeune homme conquirent mon cœur. Il avait fait le sacrifice de sa vie. Son seul regret, disait-il, était de s'être échoué si près du port, après avoir traversé quatre armées ; et être incapable d'exécuter les ordres de l'Empereur . Il paraissait animé de ce fanatisme français qui a fait tant de mal à notre chère Allemagne. Néanmoins je ne pus m'empêcher de le défendre ; et je traduisais ses paroles moins en interprète qu'en avocat. Malheureusement, on trouva sur lui une lettre de Napoléon au général Rapp, dont j'ai conservé une copie :

> « Abandonnez Dantzic , brisez le blocus, unissez-vous aux garnisons de Stettin, Custrin et Glogau , marchez le long de l'Elbe, arrangez-vous avec Saint-Cyr et Davoust pour concentrer les forces dispersées à Dresde, Forgau , Wittenberg, Magdebourg et Hambourg ; armée comme une boule de neige ; traversez la Westphalie, qui est ouverte, et venez défendre la ligne du Rhin avec une armée de 170 000 Français que vous aurez sauvés !
>
> " NAPOLÉON. "

Cette lettre fut envoyée au quartier général de l'armée russe, tandis qu'une demi-douzaine de soldats analphabètes, ivres de joie et de mauvaise eau-de-vie, condamnaient le brave colonel du 23e de ligne à la mort d'un espion et d'un traître. L'exécution fut fixée au lendemain 12, et M. Pierre Victor Fougas , après m'avoir remercié et embrassé avec la sensibilité la plus touchante, (C'est un mari et un père.) fut enfermé dans la petite tour crénelée de Liebenfeld , où le vent siffle terriblement à travers toutes les meurtrières.

La nuit du 11 au 12 novembre fut l'une des plus rudes de ce terrible hiver. Mon thermomètre à enregistrement automatique, accroché devant ma fenêtre et orienté sud-est, indiquait dix-neuf degrés au-dessous de zéro, centigrades. Je suis allé de bon matin faire un dernier adieu au colonel et j'ai rencontré le sergent Garok, qui m'a dit en mauvais allemand :

"Nous n'aurons pas à tuer le Frantzouski , il est mort de froid."

J'ai couru vers la prison. Le colonel était allongé sur le dos, rigide. Mais j'ai découvert après quelques minutes d'examen que la rigidité du corps n'était pas celle de la mort. Les articulations, bien qu'elles n'aient pas leur souplesse ordinaire, pouvaient être pliées et étendues sans grand effort. Les membres, le visage et la poitrine donnaient à mes mains une sensation de froid, mais très différente de celle que j'avais souvent éprouvée au contact des cadavres.

Sachant qu'il avait passé plusieurs nuits sans dormir et enduré des fatigues extraordinaires, je ne doutais pas qu'il ne fût tombé dans ce sommeil profond et léthargique que surinduit le froid intense et qui, s'il se prolonge trop longtemps, ralentit la respiration et la circulation au point où les tests physiologiques les plus délicats sont nécessaires pour découvrir la continuité de la vie. Le pouls était insensible ; du moins mes doigts, engourdis de froid, ne le sentaient pas. Ma dureté d'ouïe (j'avais alors soixante-neuvième année) ne me permettait pas de déterminer par auscultation si les battements du cœur excitaient encore ces vibrations faibles, quoique prolongées, que l'oreille continue d'entendre quelque temps après que la main ne les a pas détectées.

Le colonel était arrivé à ce point de torpeur produite par le froid, où ranimer un homme sans le faire mourir demande des soins nombreux et délicats. Quelques heures après, la congélation surviendrait, et avec elle, l'impossibilité de restaurer la vie.

J'étais dans la plus grande perplexité. D'un côté, je savais qu'il mourait sur mes mains par congélation ; d'autre part, je ne pouvais pas, par moi-même, lui accorder les attentions indispensables. Si je devais lui administrer des stimulants sans lui faire masser en même temps le tronc et les membres par trois ou quatre assistants vigoureux, je ne le ranimerais que pour le voir mourir. J'avais encore sous les yeux le spectacle de cette jolie jeune fille asphyxiée dans un incendie, que je parvins à ranimer en plaçant des charbons ardents sous les clavicules, mais qui ne pouvait qu'appeler sa mère, et qui mourut presque aussitôt, malgré l'administration de stimulants internes et électricité pour induire des contractions du diaphragme et du cœur.

Et même si je parvenais à lui rendre la santé et la force, n'a-t-il pas été condamné par le conseil de guerre ? L'humanité ne m'a-t-elle pas défendu de le tirer de ce repos semblable à la mort, pour le livrer aux horreurs du supplice ?

Je dois avouer qu'en présence de cet organisme où la vie était suspendue, mes idées sur la réanimation prirent pour ainsi dire une nouvelle emprise sur moi. J'avais si souvent desséché et ressuscité des êtres assez élevés dans l'échelle animale, que je ne doutais pas du succès de l'opération, même sur un homme. Tout seul, je ne pouvais pas ranimer et sauver le colonel ; mais j'avais dans mon laboratoire tous les instruments nécessaires pour le dessécher sans aide.

En résumé, trois alternatives s'offraient à moi. I. Laisser le colonel dans la tour crénelée, où il serait mort le même jour de congélation. II. Le ranimer par des stimulants, au risque de le tuer. Et pour quoi? Le livrer, en cas de succès, à une exécution inévitable. III. Le dessécher dans mon laboratoire avec la quasi-certitude de le ressusciter après le retour de la paix. Tous les amis de l'humanité comprendront sans doute que je ne pouvais pas hésiter longtemps.

J'ai fait appeler le sergent Garok et je l'ai supplié de me vendre le corps du colonel. Ce n'était pas la première fois que j'achetais un cadavre pour le dissection, ma demande n'excitait donc aucun soupçon. Le marché conclu, je lui ai donné quatre bouteilles de kirsch et bientôt deux soldats russes m'ont amené le colonel Fougas sur une civière.

Dès que je fus seule avec lui, je lui piquai un doigt : la pression fit sortir une goutte de sang. Le placer au microscope entre deux plaques de verre était l'affaire d'une minute. Oh joie! La fibrine n'était pas coagulée. Les globules rouges semblaient nettement circulaires, aplatis, biconcaves et sans encoches, indentations ou gonflements sphéroïdaux. Les globules blancs changeaient de forme, prenant par intervalles la forme sphérique, et variant encore leurs formes par de délicates expansions. Je ne m'étais pas trompé alors, c'était un homme engourdi que j'avais sous les yeux, et non un mort !

Je l'ai placé sur une balance. Il pesait cent quarante livres, vêtements compris. Je ne me souciais pas de le déshabiller, car j'avais remarqué que les animaux desséchés directement au contact de l'air mouraient plus souvent que ceux qui restaient couverts de mousse et autres matières molles, pendant l'épreuve du dessèchement.

Ma grande pompe à air, avec son immense plate-forme, son énorme récepteur ovale en fer forgé, qu'une corde passant sur une poulie solidement fixée au plafond soulevait et abaissait facilement au moyen d'un guindeau, tous ces mille et un artifices que j'avais si laborieusement préparé malgré les railleries de ceux qui m'enviaient, et que je me désolais de voir au chômage, allaient trouver leur utilité ! Des circonstances inattendues s'étaient enfin présentées pour me procurer un tel sujet d'expérience, comme j'avais en vain essayé de me le procurer, tandis que j'essayais de réduire à l'engourdissement des chiens, des lapins, des moutons et d'autres mammifères à l'aide de mélanges réfrigérants. Il y a longtemps, sans doute, que ces résultats auraient été atteints si j'avais été aidé par ceux qui m'entouraient, au lieu d'être la cible de leurs railleries ; si nos autorités m'avaient soutenu de leur influence au lieu de me traiter comme un esprit subversif.

Je m'enfermais *en tête-à-tête* avec le colonel, et veillais à ce que même le vieux Getchen , ma gouvernante, aujourd'hui décédée, ne me dérange pas pendant mon travail. J'avais substitué au levier fastidieux des pompes à air d'antan , une roue agencée avec un excentrique qui transformait le mouvement circulaire de l'axe en mouvement rectiligne exigé par les pistons : la roue, l'excentrique, la bielle et le les articulations de l'appareil fonctionnaient toutes admirablement et me permettaient de tout faire moi-même. Le froid ne gênait pas le jeu de la machine, et l'huile lubrifiante n'était pas gommée : je l'avais moi-même raffinée par un procédé nouveau fondé sur les découvertes alors récentes du *savant français* M. Chevreul .

Après avoir étendu le corps sur la plate-forme de la pompe à air, abaissé le récepteur et luté la jante, j'entrepris de le soumettre progressivement à l'influence du vide sec et du froid. Des capsules remplies de chlorure de calcium étaient placées autour du Colonel pour absorber l'eau qui devait s'évaporer du corps, et favoriser la dessiccation.

Je me trouvais certainement dans la meilleure situation possible pour soumettre le corps humain à un processus de dessèchement progressif sans interruption brusque des fonctions, ni désorganisation des tissus ou des fluides. Mes expériences sur les rotifères et les tardigrades avaient rarement eu des chances égales de succès, et pourtant elles avaient toujours réussi. Mais la nature particulière du sujet et les scrupules particuliers imposés à ma conscience m'obligèrent à employer un certain nombre de conditions nouvelles, dont j'avais depuis longtemps, par ailleurs, pressenti l'opportunité. J'avais pris soin de ménager une ouverture à chaque extrémité de mon récepteur ovale et d'y insérer un lourd verre, ce qui me permettait de suivre de l'œil les effets du vide sur le colonel. On m'empêchait entièrement de fermer les fenêtres de mon laboratoire, de peur qu'une température trop élevée ne mette fin à la léthargie du sujet ou n'induise quelque changement dans les fluides. Si le dégel s'était produit, tout aurait été fini avec mon expérience. Mais le thermomètre se maintint pendant plusieurs jours entre six et huit degrés au-dessous de zéro, et j'étais très heureux de voir se poursuivre le sommeil léthargique, sans avoir à craindre une congélation des tissus.

Je commençai à faire le vide avec une extrême lenteur, de peur que les gaz répandus dans le sang, devenus libres à cause de la différence de tension avec celle de l'air raréfié, ne s'échappent dans les vaisseaux et n'entraînent ainsi la mort immédiate. De plus, j'observais à chaque instant les effets du vide sur les gaz intestinaux, car en se dilatant à l'intérieur à mesure que la pression de l'air diminuait à l'extérieur du corps, ils auraient pu provoquer de graves troubles. Les tissus n'auraient peut-être pas été entièrement rompus par eux, mais une lésion interne aurait suffi à provoquer la mort quelques heures après la réanimation. On l'observe assez fréquemment chez les animaux négligemment desséchés.

Plusieurs fois, une saillie trop rapide du ventre me mit en garde contre le danger que je craignais, et je fus obligé de laisser entrer un peu d'air sous le récepteur. Enfin, la cessation de tous les phénomènes de ce genre me convainquit que les gaz avaient disparu par exosmose ou avaient été expulsés par la contraction spontanée des viscères. Ce n'est qu'à la fin du premier jour que je pus renoncer à ces minutieuses précautions et pousser l'aspirateur un peu plus loin.

Le lendemain, le 13, j'ai poussé le vide jusqu'à ce que le baromètre descende à cinq millimètres . Comme aucun changement n'avait eu lieu dans la position du corps ou des membres, j'étais sûr qu'aucune convulsion ne s'était produite. Le colonel avait été desséché, était devenu immobile, avait perdu le pouvoir d'accomplir les fonctions de la vie, sans que la mort soit survenue et sans que la possibilité de reprendre l'activité ait disparu. Sa vie était suspendue, non éteinte.

Chaque fois qu'un surplus de vapeur d'eau faisait monter le baromètre, je pompais. Le 14, la porte de mon laboratoire fut littéralement enfoncée par le général russe, le comte Trollohub , envoyé du quartier général. Cet officier distingué avait couru en toute hâte pour empêcher l'exécution du colonel et le conduire en présence du commandant en chef. Je lui ai loyalement avoué ce que j'avais fait sous l'inspiration de ma conscience ; Je lui ai montré le corps à travers une des cibles de la pompe à air ; Je lui dis que j'étais heureux d'avoir conservé un homme qui pût fournir des renseignements utiles aux libérateurs de mon pays ; et j'ai proposé de le ressusciter à mes frais s'ils me promettaient de respecter sa vie et sa liberté. Le général comte Trollohub , homme distingué sans doute, mais d'éducation exclusivement militaire, pensa que je ne parlais pas sérieusement. Il est sorti en me claquant la porte au nez et en me traitant comme un vieil imbécile.

Je me remis à pomper et maintins le vide à une pression de trois à cinq millimètres pendant trois mois. Je savais par expérience que les animaux peuvent revivre après avoir été soumis au vide sec et au froid pendant quatre-vingts jours.

Le 12 février 1814, ayant constaté que depuis un mois aucune modification n'avait eu lieu dans le rétrécissement des chairs, je résolus de soumettre le colonel à une autre série d'opérations, afin d'assurer une conservation plus parfaite par une dessiccation complète. Je laissai rentrer l'air par le robinet disposé à cet effet, et, après avoir relevé le récepteur, je procédai aussitôt à mon expérience.

Le corps ne pesait pas plus de quarante-six livres ; Je l'avais alors réduit de près d'un tiers de son poids initial. Il faut garder à l'esprit que le vêtement n'a pas perdu autant d'eau que les autres parties. Or, le corps humain contient près des quatre cinquièmes de son propre poids d'eau, comme le prouve une dessiccation minutieuse effectuée dans un four de séchage chimique.

Je plaçai donc le Colonel sur un plateau, et, après l'avoir glissé dans mon grand fourneau, j'élevai graduellement la température jusqu'à 75 degrés centigrades. Je n'osais pas dépasser cette chaleur, de peur d'altérer l'albumine et de la rendre insoluble, et aussi d'enlever aux tissus la capacité de réabsorber l'eau nécessaire au retour à leurs fonctions.

J'avais eu soin de disposer un appareil convenable pour que le fourneau soit constamment parcouru par un courant d'air sec. Cet air était séché en traversant une série de jarres remplies d' acide sulfurique , de chaux vive et de chlorure de calcium.

Après une semaine passée au four, l'aspect général du corps n'avait pas changé, mais son poids était réduit à quarante livres, vêtements compris. Huit jours de plus n'apportèrent aucune nouvelle diminution de poids. De là, j'en ai conclu que la dessiccation était suffisante. Je savais bien que les cadavres momifiés dans les caveaux des églises depuis un siècle ou plus finissent par ne peser plus d'une vingtaine de livres, mais ils ne deviennent pas si légers sans une altération matérielle de leurs tissus.

Le 27 février, je plaçai moi-même le colonel dans les loges que j'avais fait confectionner pour son occupation. Depuis ce temps, c'est-à-dire pendant un espace de neuf ans et onze mois, nous n'avons jamais été séparés. Je l'ai emmené avec moi à Dantzic . Il reste chez moi. Je ne l'ai jamais placé, d'après son numéro, dans ma collection zoologique ; il reste seul, dans la chambre d'honneur. Je n'accorde à personne le plaisir de réutiliser son chlorure de calcium. Je prendrai soin de vous jusqu'à mon dernier jour, Ô Colonel Fougas , cher et malheureux ami ! Mais je n'aurai pas la joie d'assister à votre résurrection. Je ne partagerai pas les émotions délicieuses du guerrier qui revient à la vie. Vos glandes lacrymales, inertes aujourd'hui, mais qui seront un jour réanimées, ne verseront pas sur le sein de votre vieux bienfaiteur la douce rosée de la reconnaissance. Car vous ne retrouverez votre vie que le jour où la mienne sera partie depuis longtemps ! Peut-être vous étonnerez-vous que moi, vous aimant comme je l'aime, j'aie si longtemps tardé à vous tirer de ce profond sommeil. Qui sait si quelque reproche amer ne viendra pas entacher la tendresse des premiers offices de gratitude que vous accomplirez sur mon tombeau ! Oui! J'ai prolongé, sans aucun bénéfice pour vous, une expérience d'intérêt général pour d'autres. J'aurais dû rester fidèle à ma première intention et vous rendre la vie immédiatement après la signature de la paix. Mais quoi! Était-ce bien de vous renvoyer en France alors que le soleil de votre patrie était obscurci par nos soldats et alliés ? Je vous ai épargné ce spectacle si pénible pour une âme comme la vôtre. Sans doute vous auriez eu, en mars 1815, la consolation de revoir cet homme fatal auquel vous aviez consacré votre dévotion ; mais êtes-vous bien sûr que vous n'auriez pas été englouti avec sa fortune dans le naufrage de Waterloo ?

Depuis cinq ou six ans, ce n'est pas votre bien, ni même celui de la science, qui m'a empêché de vous ranimer, c'est... Pardonnez-moi, colonel, ce fut un lâche attachement à la vie. Le mal dont je souffre et qui va bientôt m'emporter, est un anévrisme du cœur ; les émotions violentes me sont interdites. Si j'entreprenais moi-même la grande opération dont j'ai retracé le déroulement dans un mémoire annexé à cet instrument, je succomberais sans aucun doute avant de l'avoir achevée ; ma mort serait un accident fâcheux qui pourrait troubler mes assistants et faire échouer votre réanimation.

Reste content ! Vous n'aurez pas longtemps à attendre, et d'ailleurs, que perdez-vous à attendre ? On ne vieillit pas, on a toujours vingt-quatre ans ;

vos enfants grandissent, vous serez presque leur contemporain lorsque vous reviendrez à la vie. Vous êtes arrivé pauvre à Liebenfeld , vous êtes maintenant pauvre dans ma maison et ma volonté vous rend riche. Que vous soyez heureux aussi, c'est mon souhait le plus cher.

J'ordonne que, le lendemain de ma mort, mon neveu Nicolas Meiser convoquera par lettre les dix médecins les plus illustres du royaume de Prusse, qu'il leur lira mon testament et le mémoire annexé, et qu'il les fera procéder sans délai, dans mon propre laboratoire, à la réanimation du colonel Fougas . Les frais de déplacement, d'entretien, etc., etc., seront déduits du patrimoine de ma succession. Une somme de deux mille thalers sera consacrée à la publication des glorieux résultats de l'expérience, en allemand, français et latin. Une copie de cette brochure sera envoyée à chacune des sociétés savantes existant alors en Europe.

Dans le cas tout à fait inattendu où les efforts de la science ne parviendraient pas à réanimer le colonel, tous mes effets reviendraient à Nicholas Meiser, mon seul parent survivant.

JOHN MEISER , MD

CHAPITRE VIII.

COMMENT NICHOLAS MEISER, NEVEU DE JOHN MEISER, A EXÉCUTÉ LA VOLONTÉ DE SON ONCLE.

Le docteur Hirtz de Berlin, qui avait lui-même copié ce testament, s'excusa très poliment de ne pas l'avoir envoyé plus tôt. Les affaires l'avaient obligé à s'éloigner de la capitale. En passant par Dantzic , il s'était donné le plaisir de rendre visite à M. Nicolas Meiser, ancien brasseur, aujourd'hui très riche propriétaire foncier et gros détenteur de stocks, âgé de soixante-six ans. Ce vieillard se souvenait très bien de la mort et du testament de son oncle le *savant* ; mais il n'en parlait pas sans une certaine réticence. De plus, il dit qu'immédiatement après le décès de John Meiser, il avait réuni dix médecins de Dantzic autour de la momie du colonel ; il montra aussi une déclaration unanime de ces messieurs, affirmant qu'un homme desséché dans un fourneau ne peut en aucune manière ni par aucun moyen revenir à la vie. Ce certificat, établi par les concurrents professionnels et ennemis du défunt, ne faisait aucune mention du papier annexé au testament. Nicolas Meiser jura par tous les dieux (mais non sans visiblement colorer) que ce document concernant les méthodes à suivre pour ressusciter le colonel, n'avait jamais été connu de lui ni de sa femme. Interrogé sur les raisons qui auraient pu l'amener à se séparer d'un dépôt aussi précieux que le corps de M. Fougas , il répondit qu'il l'avait gardé dans sa maison quinze ans avec tous les respects et tous les soins imaginables, mais qu'à la fin de cette fois-là, assailli de visions et réveillé presque toutes les nuits par le fantôme du colonel venant et tirant ses pieds, il décida de le vendre vingt écus à un amateur berlinois. Depuis qu'il s'était débarrassé de ce lugubre voisin, il dormait beaucoup mieux, mais pas encore tout à fait bien ; car il lui avait été impossible d'oublier l'apparition du colonel.

A ces révélations, M. Hirtz, médecin de Son Altesse Royale le prince régent de Prusse, ajouta quelques remarques personnelles. Il ne pensait pas que la réanimation d'un homme sain, desséché avec précaution, soit théoriquement impossible ; il pensait aussi que le procédé de dessiccation indiqué par l'illustre John Meiser était le meilleur à suivre. Mais dans le cas présent, il ne lui paraît pas probable que le colonel Fougas puisse être rappelé à la vie ; les influences atmosphériques et les variations de température qu'il avait subies pendant une période de quarante-six ans ont dû altérer les fluides et les tissus.

C'était aussi l'opinion de M. Renault et de son fils. Pour apaiser un peu l'excitation de Clémentine, ils lui lurent les derniers paragraphes de la lettre du professeur Hirtz. Ils lui ont caché le testament de John Meiser, qui ne pouvait que l'exciter. Mais la petite imagination travaillée sans cesse, faisait ce qu'elle voulait pour la calmer. Clémentine recherche désormais la compagnie du docteur Martout , elle discute avec lui et souhaite voir des expériences de réanimation des rotifères. En rentrant chez elle, elle pensait un peu à Léon et beaucoup au colonel. Le projet de mariage était encore envisagé, mais personne n'osait parler de la publication des bans. Aux tendresses les plus touchantes de son fiancé, la jeune fiancée répondait par des discours sur le principe vital. Ses visites chez les Renault étaient moins faites aux vivants qu'aux morts. Tous les arguments qu'on employait pour la guérir d'un insensé espoir ne servaient qu'à la jeter dans une profonde mélancolie. Son beau teint pâlit, l'éclat de son regard s'éteignit. Minée par un désordre caché, elle perdit cette aimable vivacité qui lui paraissait l'éclat de la jeunesse et de la joie. Le changement a dû être très sensible, même pour Mlle. Sambucco , qui n'avait pas les yeux d'une mère, en était troublé.

M. Martout , convaincu que cette maladie de l'esprit ne cédait qu'à un traitement moral, vint la voir un matin et lui dit :

" Mon cher enfant, même si je ne m'explique pas bien le grand intérêt que tu portes à cette maman, j'ai fait quelque chose pour elle et pour toi. Je vais envoyer le petit morceau d'oreille que Léon a cassé à M. Karl. Nibor."

Clémentine ouvrit tous les yeux.

"Tu ne me comprends pas ?" continua le docteur. " Il s'agit de savoir si les humeurs et les tissus du colonel ont subi des altérations matérielles. M. Nibor, avec son microscope, nous dira l'état des choses. On peut compter sur lui : c'est un génie infaillible. Son La réponse nous dira s'il convient de procéder à la réanimation de notre homme, ou s'il ne reste plus qu'à l'enterrer.

"Quoi!" s'écria la jeune fille. « On peut savoir si un homme est mort ou vivant, grâce à un échantillon ? »

" Rien de plus n'est demandé au docteur Nibor. Oubliez donc vos inquiétudes pendant une semaine. Dès que la réponse viendra, je vous la donnerai à lire. J'ai éveillé la curiosité du grand physiologiste : il n'y connaît absolument rien. le fragment que je lui envoie. Mais si, pour supposer une impossibilité, il nous dit que le morceau d'oreille appartient à un être sain, je le prierai de venir à Fontainebleau et de nous aider à lui rendre la vie.

Cette vague lueur d'espoir dissipa la mélancolie de Clémentine et lui rendit une bonne santé. Elle se remit à chanter, à rire et à papillonner dans le jardin de sa tante et dans la maison de M. Renault. Les tendres communies recommencèrent, on reparla du mariage, et le premier ban fut publié.

« Enfin, dit Léon, je l'ai retrouvée.

Mais Mme Renault, cette mère sage et prudente, secouait tristement la tête.

"Tout cela ne se passe qu'à moitié bien", dit-elle. " Je n'aime pas que ma belle-fille soit si absorbée par ce bel homme desséché. A quoi faut-il s'attendre quand elle sait qu'il est impossible de le ressusciter ? Les papillons noirs [1] alors s'envoler ? Et s'ils arrivaient, par miracle, à le réanimer ! es-tu sûr qu'elle ne tombera pas amoureuse de lui ? En effet, Léon a dû juger bien nécessaire d'acheter cette momie, et j'appelle cela de l'argent bien placé ! "

Un dimanche matin, M. Martout se précipita sur le vieux professeur en criant victoire.

Voici la réponse qui lui était venue de Paris :

" Mon cher *confrère* :

" J'ai reçu votre lettre, ainsi que le petit fragment de tissu dont vous m'avez demandé de déterminer la nature. Cela ne m'a pas coûté beaucoup de peine de découvrir de quoi il s'agit, j'ai fait vingt fois des choses plus difficiles, au cours d'expériences. relatifs à la jurisprudence médicale. Vous auriez pu vous épargner l'usage de la formule établie : "Quand vous aurez fait votre examen microscopique, je vous dirai ce que c'est. " Ces petites astuces ne servent à rien : mon microscope sait mieux que vous ce que tu m'as envoyé. Tu connais la forme et la couleur des choses : *il* voit leur nature intime, les lois de leur être, les conditions de leur vie et de leur mort.

« Votre fragment de matière desséchée, moitié aussi large que mon ongle et presque aussi épais, après être resté vingt-quatre heures sous une cloche dans une atmosphère saturée d'eau à la température du corps humain, est devenu souple, tant et si bien comme étant un peu élastique, je pouvais par conséquent le disséquer, l'étudier comme un morceau de chair fraîche, et mettre au microscope chacune de ses parties qui paraissaient différentes, par leur consistance ou leur couleur, des autres.

« Je trouvai aussitôt, au milieu, une légère portion plus dure et plus élastique que le reste, qui présentait la texture et la structure cellulaire du cartilage. Ce n'était ni le cartilage du nez, ni le cartilage d'une articulation, mais certainement le cartilage. fibro-cartilage de l'oreille. Vous m'avez donc envoyé le bout d'une oreille, et ce n'est pas l'extrémité inférieure, le lobe que les femmes percent pour y mettre leurs ornements d'or, mais l'extrémité supérieure, dans laquelle s'étend le cartilage.

" Du côté intérieur, j'ai enlevé une peau fine, dans laquelle le microscope m'a montré un épiderme délicat, parfaitement intact ; un derme non moins intact, avec peu de papilles et, de plus, couvert de beaucoup de fins poils humains. Chacun de ces petits poils avait sa racine enfoncée dans son follicule, et le follicule accompagné de ses deux petites glandes. Je vous en dirai encore plus : ces poils de duvet avaient de quatre à cinq millimètres de long, sur de trois à cinq centièmes de millimètre. millimètre de diamètre ; c'est deux fois la taille du joli duvet qui pousse sur une oreille féminine ; d'où je conclus que votre morceau d'oreille appartient à un homme.

" Contre le bord recourbé du cartilage, j'ai trouvé de délicats bouquets striés du muscle de l'hélice, et si parfaitement intacts qu'on aurait dit que rien n'empêchait leur contraction. Sous la peau et près des muscles, j'ai trouvé plusieurs petits filaments nerveux, composés chacun de huit ou dix tubes dans lesquels la moelle était aussi intacte et homogène que dans les nerfs prélevés sur un animal vivant ou prélevés sur un membre amputé. Êtes-vous satisfait ? Criez-vous pitié ? Eh bien ! Quant à moi, Je ne suis pas encore au bout du rouleau.

" Dans le tissu cellulaire interposé entre le cartilage et la peau, j'ai trouvé de petites artères et de petites veines dont la structure était parfaitement reconnaissable. Elles contenaient du sérum avec des globules rouges du sang. Ces globules étaient tous circulaires, biconcaves et parfaitement réguliers ; ils présentaient ni des échancrures, ni cet aspect framboise qui caractérise les globules sanguins d'un cadavre.

« En résumé, mon cher *confrère*, j'ai trouvé dans ce fragment presque tout ce qu'on trouve dans le corps humain : cartilage, muscle, nerf, peau, poils, glandes, sang, etc., et tout cela dans un état parfaitement sain et sain. état normal. Ce n'est donc pas un morceau de cadavre que vous m'avez envoyé, mais un morceau d'homme vivant, dont les humeurs et les tissus ne sont en aucune façon décomposés.

"Avec la plus haute considération, la vôtre,

"   KARL   NIBOR.

" PARIS , *le 30 juillet 1859.* "

CHAPITRE IX.

CONSIDÉRABLE D'UNE PERTURBATION À FONTAINEBLEAU.

Il ne fallut pas longtemps pour se répandre dans la ville que M. Martout et Messieurs Renault avaient l'intention, de concert avec plusieurs *savants parisiens* , de ressusciter un mort.

M. Martout avait envoyé un récit détaillé de l'affaire au célèbre Karl Nibor, qui s'était empressé d'en faire part à la Société Biologique. Un comité fut aussitôt nommé pour accompagner M. Nibor à Fontainebleau. Les six commissaires et le reporter convinrent de quitter Paris le 15 août [2] , heureux d'échapper au vacarme des réjouissances publiques. M. Martout fut chargé de préparer l'expérience, qui ne durerait probablement pas moins de trois jours.

Certains journaux parisiens annonçaient ce grand événement dans leurs « Divers », mais le public n'y prêtait guère attention. Le grand accueil de l'armée revenant d'Italie a retenu l'attention de tous, et d'ailleurs les Français n'accordent qu'une confiance modérée aux miracles promis dans les journaux.

Mais à Fontainebleau, c'était une tout autre affaire. Non seulement M. Martout et messieurs Renault, mais M. Audret , l'architecte, M. Bonnivet , le notaire, et une douzaine d'autres gros bonnets de la ville, avaient vu et touché la momie du colonel. Ils en avaient parlé à leurs amis, l'avaient décrit du mieux qu'ils pouvaient et avaient raconté son histoire. Deux ou trois exemplaires du testament de M. Meiser circulaient de main en main. La question des réanimations était à l'ordre du jour ; on en discutait autour de l'étang à poissons, comme l'Académie des sciences en séance plénière. Même sur le marché, on aurait pu les entendre parler de rotifères et de tardigrades.

Il faut admettre que les réanimateurs n'étaient pas majoritaires. Quelques professeurs du collège, remarqués par le caractère paradoxal de leur esprit ; quelques amoureux du merveilleux , dûment convaincus de basculement de table ; et, pour couronner avec une demi-douzaine de ces vieux râleurs à moustaches blanches qui croient que la mort de Napoléon Ier est un mensonge calomnieux mis à flot par les Anglais, constituait toute l'armée. M. Martout avait contre lui non seulement les sceptiques, mais par-dessus tout la foule innombrable des croyants. Les uns l'ont ridiculisé, les autres l'ont proclamé révolutionnaire, dangereux et ennemi des idées fondamentales sur lesquelles repose la société. Le ministre d'une petite église prêchait, par insinuations, contre les Prométhées qui aspiraient à usurper les prérogatives du Ciel. Mais le recteur de la paroisse n'hésitait pas à dire, dans cinq ou six maisons, que la guérison d'un homme aussi gravement malade que M. Fougas , serait une preuve de la puissance et de la miséricorde de Dieu.

La garnison de Fontainebleau était alors composée de quatre escadrons de cuirassiers et du 23e régiment de ligne, qui s'était illustré à Magenta. Dès qu'on apprit dans l'ancien régiment du colonel Fougas que cet illustre officier allait peut-être revenir dans le monde, il y eut une sensation générale. Un régiment connaît son histoire, et l'histoire du 23 avait été celle de Fougas de février 1811 à novembre 1813. Tous les soldats avaient entendu lire, à leur mess, l'anecdote suivante :

« Le 27 août 1813, à la bataille de Dresde, l'Empereur aperçut au pied d'une redoute russe un régiment français qui versait du raisin dessus. Il demanda de quel régiment il s'agissait, et on lui répondit que c'était le 23. de la ligne. "C'est impossible!" dit-il. « Le 23e de ligne n'a jamais été sous le feu sans se précipiter sur l'artillerie qui tonne dessus. A ce moment, le 23, dirigé par le colonel Fougas , gravit la hauteur à toute vitesse, cloue les artilleurs à leurs canons et prend la redoute.

Les officiers et les soldats, justement fiers de cette action mémorable, vénéraient, sous le nom de Fougas , l'un des pères du régiment. L'idée de le voir apparaître au milieu d'eux, jeune et vivant, ne paraissait pas probable, mais c'était déjà quelque chose d'être en possession de son corps. Officiers et soldats décidèrent qu'il serait enterré à leurs frais, une fois terminées les expériences du docteur Martout . Et pour lui donner un tombeau digne de sa gloire, on vota une cotisation de deux jours de solde.

Tous ceux qui portaient une épaulette visitaient le laboratoire de M. Renault ; le colonel des cuirassiers s'y rendit plusieurs fois, dans l'espoir de rencontrer Clémentine. Mais la fiancée de Léon s'est tenue à l'écart.

Elle était plus heureuse qu'aucune femme ne l'avait jamais été, cette jolie petite Clémentine. Aucun nuage ne troublait plus la sérénité de son beau front. Libre de toutes inquiétudes, le cœur ouvert à l'Espérance, elle adorait son cher Léon et passait ses journées à le lui dire. Elle avait elle-même insisté pour que les interdictions soient publiées.

« Nous nous marierons, dit-elle, le lendemain de la réanimation du colonel. J'entends qu'il me trahisse, je veux qu'il me bénisse. C'est certainement le moins qu'il puisse faire pour moi, après tout je J'ai fait pour lui. Il est certain que, sans mon opposition, vous l'auriez envoyé au musée du *Jardin des Plantes* . Je lui dirai tout cela, Monsieur, dès qu'il pourra nous comprendre, et il coupera *tes* oreilles, à *son* tour ! Je t'aime !

" Mais, répondit Léon, pourquoi faites-vous dépendre mon bonheur du succès d'une expérience ? Toutes les formalités d'usage sont accomplies, les publications faites, les avis donnés : personne au monde ne peut empêcher notre mariage demain, et vous êtes heureux d'attendre jusqu'au 19 ! Quel lien y a-t-il entre nous et ce monsieur desséché endormi dans sa loge ? Il n'appartient ni à votre famille ni à la mienne. J'ai examiné tous vos registres familiaux jusqu'à la sixième génération, et Je n'y ai trouvé personne du nom de Fougas . Nous n'attendons donc pas qu'un grand-père soit présent à la cérémonie. Qui est-il donc ? Les mauvaises langues de Fontainebleau prétendent que vous avez un *penchant* pour ce fétiche de 1813 ; quant à moi, qui suis sûr de votre cœur, j'espère que vous n'aimerez jamais personne aussi bien que moi. Cependant on m'appelle le rival du colonel endormi dans le bois.

"Laissons les imbéciles bavarder !" répondit Clémentine avec un sourire angélique. " Je ne me donne pas la peine d'expliquer mon affection pour le pauvre Fougas , mais je l'aime beaucoup, c'est certain. Je l'aime comme un père, comme un frère, si vous préférez, car il est presque aussi jeune que moi. Quand nous l'avons ressuscité, je l'aimerai peut-être comme un fils ; mais tu n'y perdras rien, cher Léon. Tu as dans mon cœur une place à part, la meilleure aussi, et personne ne te la prendra. pas même *lui* . »

Cette querelle d'amoureux, qui commençait souvent et se terminait toujours par un baiser, fut un jour interrompue par la visite du commissaire de police.

Cet honorable fonctionnaire refusa poliment de donner son nom et son activité et demanda la faveur d'un entretien privé avec le jeune Renault.

« Monsieur, » dit-il en le voyant seul, « j'apprécie toute la considération due à un homme de votre caractère et de votre position, et j'espère que vous jugerez bon de ne pas interpréter désagréablement une démarche qui est poussée en moi par un sentiment du devoir."

Léon ouvrit les yeux et attendit la suite du discours.

" Vous savez, Monsieur, " poursuivit le commissaire, " ce qu'exige la loi concernant les inhumations. Elle est expresse et ne souffre aucune exception. Les autorités peuvent fermer les yeux, mais le grand tumulte qui s'est élevé, et, de plus, le rang du défunt, sans tenir compte des considérations religieuses, nous met dans l'obligation de procéder... de concert avec vous, qu'il soit bien entendu...."

Léon comprit petit à petit. Le commissaire finit par lui expliquer, toujours dans le style administratif, qu'il lui incombait de faire conduire M. Fougas au cimetière municipal.

"Mais monsieur, répondit l'ingénieur, si vous avez entendu parler du colonel Fougas , il aurait fallu vous dire en même temps que nous ne le considérons pas comme mort."

"Absurdité!" répondit le commissaire avec un léger sourire. " Les avis sont libres. Mais le médecin chargé de veiller au sort des morts et qui a eu le plaisir de voir le défunt nous a fait un rapport concluant qui prévoit une inhumation immédiate. "

— Eh bien, monsieur, si Fougas est mort, nous espérons le ressusciter.

— On nous l'a déjà dit, monsieur, mais, pour ma part, j'ai hésité à le croire.

" Vous le croirez quand vous l'aurez vu ; et j'espère, monsieur, que cela ne tardera pas. "

"Mais alors, Monsieur, avez-vous tout réglé en bonne et due forme ?"

"Avec qui?"

"Je ne sais pas, Monsieur, mais je suppose qu'avant d'entreprendre une chose pareille, vous vous êtes fortifié de quelque autorisation légale."

"De qui?"

" Mais en tout cas, Monsieur, vous avouez que la réanimation d'un homme est une affaire extraordinaire. Quant à moi, c'est vraiment la première fois que j'en entends parler. Or le devoir d'une police bien réglée est de empêcher que quelque chose d'extraordinaire ne se produise dans le pays. »

" Voyons, Monsieur. Si je vous disais : Voici un homme qui n'est pas mort ; j'ai un espoir bien fondé de le remettre sur pied dans trois jours ; votre médecin, qui soutient le contraire, se trompe, prendriez-vous la responsabilité de faire enterrer Fougas ?

" Certainement pas ! À Dieu ne plaise que je prenne sur mes épaules une quelconque responsabilité ! Mais cependant, Monsieur, en faisant enterrer M. Fougas , j'agirais dans le respect de la loi et de l'ordre. Maintenant, après tout, de quel droit oser réanimer un homme ? Dans quel pays la réanimation est-elle d'usage ? Où est le précepte de loi qui vous autorise à réanimer les gens ?

"Connaissez-vous une loi qui l'interdit ? Désormais, tout ce qui n'est pas interdit est permis."

— Aux yeux des magistrats, très probable. Mais la police doit prévenir et endiguer le désordre. Or, une réanimation, monsieur, est une chose tellement inouïe qu'elle constitue un véritable désordre.

— Vous avouerez néanmoins que c'est un désordre bien heureux.

"Il n'existe pas de trouble heureux. Considérez d'ailleurs que le défunt n'est pas un homme ordinaire. S'il s'agissait d'un vagabond sans maison ni foyer, on pourrait user d'une certaine tolérance à son égard. Mais ceci est un soldat, un officier, de haut rang et décoré aussi ; un homme qui a occupé une position élevée dans l'armée. L' *armée* , Monsieur ! Il ne faudra pas toucher à l'armée !

" Eh ! Monsieur, je touche l'armée comme un chirurgien qui panse ses blessures. On propose de restituer à l'armée un colonel. Et vous, mû par l'esprit de routine, souhaitez lui en ravir un."

" Ne vous énervez pas, Monsieur, je vous en prie, et ne parlez pas si fort : on nous entend. Croyez-moi, je vous rencontrerai à mi-chemin dans tout ce que vous voudrez faire pour la grande et glorieuse armée de mon pays. Mais avez-vous réfléchi à la question religieuse ?

« Quelle question religieuse ?

" A vrai dire, Monsieur (mais cela tout à fait entre nous), ce dont nous avons parlé jusqu'ici est purement accessoire et nous touchons maintenant au point délicat. Des gens sont venus me voir et m'ont fait des remarques très judicieuses. moi. La simple annonce de votre projet a jeté bien du trouble dans certaines consciences. Elles craignent que le succès d'une entreprise de ce genre ne porte un coup à la foi, ne scandalise en un mot bien des esprits tranquilles. " Si M. Fougas est mort, c'est bien sûr parce que Dieu l'a voulu. Ne craignez-vous pas d'agir contrairement à la volonté de Dieu, en le ressuscitant ? "

" Non, Monsieur : car je suis sûr de ne pas ressusciter Fougas si Dieu en a voulu autrement ; Dieu permet qu'un homme attrape la fièvre, mais Dieu permet aussi qu'un médecin le guérisse. Dieu a permis qu'un brave soldat de l' Empereur soit capturé. par quatre Russes ivres, condamnés comme espion, gelés dans une forteresse et desséchés sous une pompe à air par un vieil Allemand. Mais Dieu m'a permis aussi de retrouver ce malheureux dans une brocante, de le porter à Fontainebleau, de l'examiner. avec certains hommes de science et de s'entendre avec eux sur une méthode presque sûre pour le rendre à la vie. Tout cela prouve une chose, c'est que Dieu est plus juste, plus miséricordieux et plus enclin à la pitié que ceux qui abusent de son nom dans afin de vous exciter.

" Je vous assure, Monsieur, que je ne suis pas du tout excité. Je cède à vos raisons parce qu'elles sont bonnes et parce que vous êtes un homme de considération dans la communauté. J'espère d'ailleurs sincèrement que vous ne penserez pas durement d'un acte de zèle qu'on m'a conseillé d'accomplir. Je suis un fonctionnaire, Monsieur. Or, qu'est-ce qu'un fonctionnaire ? Un homme qui tient une place. Supposons maintenant que des fonctionnaires s'exposent à la perte de leur place, quel tiendrait-il bon en France ? Rien, monsieur, absolument rien. J'ai l'honneur de vous souhaiter le bonjour !

Le 15 août au matin, M. Karl Nibor se présente chez M. Renault avec le docteur Martont et le comité nommé par la Société biologique de Paris. Comme cela arrive souvent dans les campagnes, la première apparition de notre illustre savant fut une sorte de déception. Mme. Renault s'attendait à voir, sinon un magicien en robe de velours constellé d'or, du moins un vieillard d'une apparence extraordinairement grave et impressionnante. Karl Nibor est un homme de taille moyenne, très blond et très léger. Il peut avoir une bonne quarantaine d'années, mais on ne lui en attribuerait pas plus de trente-cinq. Il porte une moustache et impériale ; est vif, bon causeur, agréable et assez homme du monde pour amuser les dames. Mais Clémentine n'eut pas le plaisir de sa conversation. Sa tante l'avait emmenée à Moret pour la soustraire aux affres de la peur comme aux ivresses de la victoire.

CHAPITRE X.

ALLÉLUIA!

M. Nibor et ses collègues, après les compliments d'usage, demandèrent à voir le sujet. Ils n'avaient pas de temps à perdre puisque l'expérience ne pouvait guère durer moins de trois jours. Léon s'empressa de les conduire au laboratoire et d'ouvrir les trois caisses contenant le Colonel.

Ils ont constaté que le patient présentait un aspect plutôt favorable. M. Nibor ôta ses vêtements qui se déchiraient comme de l'amadou à force d'avoir été trop séchés dans le fourneau du Père Meiser. Le corps, nu, était déclaré entièrement exempt de défauts et en parfaite santé. Personne n'avait encore la garantie du succès, mais chacun était plein d'espoir.

Après cet examen préliminaire, M. Renault a mis son laboratoire au service de ses invités. Il leur offrit tout ce qu'il possédait, avec une munificence qui n'était pas entièrement exempte de vanité. Au cas où l'emploi de l'électricité s'avérerait nécessaire, il disposait d'une puissante batterie de jarres de Leyde et de quarante éléments de Bunsen, entièrement nouveaux. M. Nibor le remercia en souriant.

« Gardez vos richesses », dit-il. "Avec une baignoire et un chaudron d'eau bouillante, nous aurons tout ce qu'il nous faut. Le Colonel n'a besoin que d'humidité. Il s'agit de lui donner la quantité d'eau nécessaire au jeu des organes. Si vous avez une petite pièce là où l'on peut introduire un jet de vapeur, nous serons plus que contents.

M. Audret , l'architecte, avait très judicieusement aménagé près du laboratoire une petite salle de bains, commode et bien éclairée. La célèbre machine à vapeur n'était pas loin, et sa chaudière n'avait jusqu'alors répondu à aucun autre usage que celui de réchauffer les bains de M. et Mme. Renault.

Le Colonel a été transporté dans cette pièce, avec tous les soins qu'exige sa fragilité. Il n'était pas prévu de lui casser la deuxième oreille dans la précipitation du déménagement. Léon courut allumer le feu sous la chaudière, et M. Nibor le créa Pompier, sur le champ de bataille.

Bientôt un jet de vapeur tiède entra dans la salle de bains, créant autour du colonel une atmosphère humide qui s'élevait peu à peu et sans élévation brusque jusqu'à la température du corps humain. Ces conditions de chaleur et d'humidité furent maintenues avec le plus grand soin pendant vingt-quatre heures. Personne dans la maison ne s'est endormi. Les membres du Comité parisien campaient dans le laboratoire. Léon entretenait le feu ; M. Nibor, M. Renault et M. Martout surveillaient tour à tour le thermomètre. Madame Renault préparait du thé, du café et du punch aussi. Gothon , qui avait communié le matin, ne cessait de prier Dieu, dans le coin de sa cuisine, pour que ce miracle impie ne réussisse pas. Une certaine agitation régnait déjà dans la ville, mais on ne savait si elle devait être attribuée à la *fête* du 15 ou à la fameuse entreprise des sept sages de Paris.

Le 16, à 14 heures, des résultats encourageants étaient obtenus. La peau et les muscles avaient retrouvé presque toute leur souplesse, mais les articulations étaient encore difficiles à plier. L'état affaissé des parois de l'abdomen et l'intervalle entre les côtes indiquaient encore que les viscères étaient loin d'avoir réabsorbé la quantité d'eau qu'ils avaient perdue auparavant avec M. Meiser. Un bain était préparé et maintenu à une température de trente-sept degrés et demi. [3] On y laissa le colonel deux heures et demie, en ayant soin de lui passer fréquemment sur la tête une fine éponge imbibée d'eau.

M. Nibor le retira du bain aussitôt que la peau, qui s'était remplie plus tôt que les autres tissus, commença à prendre une teinte blanchâtre et à se rider légèrement. On le garda jusqu'au 16 au soir dans cette chambre humide, où on disposa un appareil qui, de temps en temps, occasionnait une pluie fine d'une température de trente-sept degrés et demi. Un nouveau bain a été donné le soir. Pendant la nuit, le corps était enveloppé de flanelle, mais maintenu constamment dans la même atmosphère fumante.

Le 17 au matin, après un troisième bain d'une heure et demie, les caractères généraux de la figure et les proportions du corps présentèrent leur aspect naturel : on eût dit un homme endormi. Cinq ou six curieux furent admis pour le voir, entre autres le colonel du 23e. En présence de ces témoins, M. Nibor remua successivement toutes les articulations, et démontra qu'elles avaient recouvré leur souplesse. Il pétrit doucement les membres, le tronc et l'abdomen. Il entrouvrit les lèvres, écarta les mâchoires, qui étaient bien fermées, et vit que la langue avait repris sa taille et sa consistance ordinaires. Il entrouvrit aussi les paupières : les globes oculaires étaient fermes et brillants.

« Messieurs, dit le philosophe, ce sont des indices qui ne trompent pas ; je prophétise le succès. Dans quelques heures, vous serez témoins des premières manifestations de la vie.

"Mais", interrompit l'un des passants, "pourquoi pas tout de suite ?"

" Parce que les *conjonctives* sont encore un peu plus pâles qu'elles ne devraient l'être. Mais les petites veines qui parcourent le blanc des yeux ont déjà pris un aspect très encourageant. Le sang est presque entièrement restauré. Qu'est-ce que le sang ? Des globules rouges flottant dans le sérum. , ou une sorte de lactosérum. Le sérum du pauvre Fougas était desséché dans ses veines : l'eau que nous avons introduite peu à peu par une lente endosmose a saturé l'albumine et la fibrine du sérum, qui est ramené à l'état liquide. les globules que la dessiccation avait agglutinés, étaient devenus immobiles comme des navires échoués dans des hauts fonds. Les voilà de nouveau à flot : ils s'épaississent, se gonflent, arrondissent leurs bords, se détachent les uns des autres et se préparent à circuler dans leurs canaux propres au premier élan qui leur est donné. leur sera donné par les contractions du cœur.

« Reste à voir, dit M. Renault, si le cœur se mettra en mouvement. Chez un homme vivant, le cœur se meut sous l'impulsion du cerveau, transmise par les nerfs. Le cerveau agit sous l'impulsion du cerveau. cœur, transmis par les artères. Le tout forme un cercle parfaitement exact, sans lequel il n'y a pas de bien-être. Et quand ni le cœur ni le cerveau n'agissent, comme dans le cas du colonel, je ne vois pas lequel des deux peut régler le l'autre en mouvement. Vous vous souvenez de la scène de l' *Ecole des femmes* , où Arnolphe frappe à sa porte ? Le valet de chambre et la bonne, Alain et Georgette, sont tous deux dans la maison. — Georgette ! s'écrie Alain. — Eh bien ? répond Georgette. — « Ouvrez la porte là-bas ! » – « Allez-y vous-même ! Allez-y vous-même ! » — « Grâce à moi ! Je n'irai pas ! » — « Moi non plus, j'y irai ! '—'Ouvre-le toi-même !' Et personne ne l'ouvre. J'ai tendance à croire, Monsieur, que nous assistons à une représentation de cette comédie. La maison, c'est le corps du Colonel ; Arnolphe , qui veut entrer, est le Principe Vital. Le cœur et le cerveau agissent les rôles d'Alain et de Georgette. "Ouvrez la porte !" dit l'un. — « Ouvrez-le vous-même ! dit l'autre. Et le Principe Vital attend dehors."

- Monsieur, répondit en souriant le docteur Nibor, vous oubliez la fin de la scène. Arnolphe se fâche et s'écrie : Celui de vous deux qui n'ouvre pas la porte n'aura rien à manger pendant quatre jours ! Et aussitôt Alain se dépêche, Georgette court et la porte s'ouvre. Or, sachez que je ne parle ainsi que pour me conformer à votre propre raisonnement, car le terme de « Principe Vital » est en contradiction avec les affirmations mêmes. de la science. La vie se manifestera aussitôt que le cerveau, ou le cœur, ou l'un quelconque des organes qui ont la capacité de fonctionner spontanément, aura absorbé la quantité d'eau dont il a besoin. La matière organisée a des propriétés inhérentes qui se manifestent sans le concours de tout principe étranger, chaque fois qu'ils sont entourés de certaines conditions. Pourquoi les muscles de M. Fougas ne se contractent-ils pas encore ? Pourquoi les tissus du cerveau n'entrent-ils pas en action ? Parce qu'ils n'ont pas encore la quantité d'humidité qui leur est nécessaire. " A la fontaine de la vie il manque peut-être une pinte d'eau. Mais je ne serai pas pressé de la remplir : j'ai trop peur de la casser. Avant de donner un dernier bain à ce vaillant garçon, il faudra pétrir à nouveau tous ses organes, soumettre son abdomen à des compressions régulières, afin que les membranes séreuses de l'estomac, de la poitrine et du cœur soient parfaitement désagglutinées et capables de glisser les unes sur les autres. Vous savez que la moindre déchirure en ces lieux, ou la moindre résistance, suffirait à tuer notre sujet au moment de sa résurrection. »

Tout en parlant, il joignait l'exemple au précepte et continuait à pétrir le tronc du colonel. Comme les spectateurs avaient trop rempli la salle de bain, rendant presque impossible tout déplacement, M. Nibor les pria de passer dans le laboratoire. Mais le laboratoire devint si plein qu'il fallut le quitter pour le salon : le Comité de la Société Biologique n'avait guère un coin de table pour dresser le compte rendu des travaux. Le salon même était rempli de monde, la salle à manger aussi, et ainsi jusqu'à la cour de la maison. Des amis, des inconnus, des inconnus de la famille se coudoyaient et attendaient en silence. Mais le silence d'une foule n'est pas beaucoup moins bruyant que le roulement de la mer. Le gros docteur Martout , apparemment accablé de responsabilités, se montrait de temps en temps et surgissait au milieu des vagues de curieux comme un galion chargé de nouvelles. Chacune de ses paroles circulait de bouche en bouche, et se répandait même dans la rue, où plusieurs groupes de soldats et de citoyens faisaient du bruit, dans plus d'un sens. Jamais la petite rue de la Faisanderie n'avait vu une telle foule. Un passant étonné s'arrêta et demanda :

"Qu'est-ce qu'il y a ici ? C'est un enterrement ?"

"Bien au contraire, Monsieur."

"Un baptême, alors ?"

"Avec de l'eau tiède !"

"Une naissance ?"

"Un être né de nouveau !"

Un vieux juge du tribunal civil racontait à un député la légende d' Æson autrefois, qui était bouilli dans le chaudron de Médée.

« C'est à peu près la même expérience, dit-il, et j'ai tendance à penser que les poètes ont calomnié la sorcière de Colchide. Il pourrait y avoir de beaux vers latins adaptés à cette occasion ; mais je ne possède plus mon ancien savoir-faire. !

'Fabula Medeam pour le crime carpe inique ? Ecce novus surgit redivivus Æson ab undis Fortior , arma petens , juvéniles milles pectoraux ...,

" Redivivus est pris au sens actif ; c'est une licence, ou du moins une construction audacieuse. Ah ! Monsieur ! il fut un temps où j'étais, même parmi ceux qui s'essayèrent le plus avec assurance, l' homme des vers latins !
"

« Caporal ! » » disait un conscrit de la levée de 1859.

" Qu'y a-t-il, Fréminot ? "

— Est-ce vrai qu'on fait bouillir un vieux soldat dans une marmite et qu'on va le relever, avec l'uniforme de colonel ?

"Vrai ou pas, subalterne, je prends le risque de dire que c'est vrai."

"J'imagine, avec toute la déférence qu'il faut, qu'ils n'en tireront pas grand-chose."

" Sachez, Fréminot , que rien n'est impossible à vos supérieurs ! Vous n'ignorez pas encore maintenant que les légumes séchés, une fois bouillis, reprennent leur aspect originel et naturel ! "

"Mais, caporal , si on les faisait cuire, au bout de trois jours, ils se dissoudraient dans un bouillon."

"Mais, imbécile, pourquoi ne considérerait-on pas les vieux soldats comme difficiles à cuisiner ?"

A midi, le commissaire de police et le lieutenant de *gens d'armes* se frayèrent un chemin à travers la foule et entrèrent dans la maison. Ces messieurs s'empressèrent de déclarer à M. Renault que leur visite n'avait rien d'un caractère officiel, mais qu'ils étaient venus simplement par curiosité. Dans le couloir, ils rencontrèrent le sous-préfet, le maire et Gothon , qui se lamentait à haute voix de voir le gouvernement prêter la main à de telles sorcelleries.

Vers une heure, M. Nibor fit donner au colonel un nouveau bain prolongé, à la sortie duquel le corps fut soumis à un pétrissage plus dur et plus complet qu'auparavant.

"Maintenant," dit le docteur, "nous pouvons transporter M. Fougas au laboratoire, afin de donner à sa réanimation toute la publicité désirable. Mais il sera bien de l'habiller, et son uniforme est en lambeaux."

" Je pense, " répondit le bon M. Renault, " que le colonel est à peu près de ma taille ; je pourrai donc lui prêter quelques-uns de mes vêtements. Dieu veuille qu'il s'en serve ! Mais, entre nous, je ne l'espère pas. ".

Gothon apporta en bougonnant tout ce qu'il fallait pour habiller un homme entièrement nu. Mais sa mauvaise humeur ne résista pas à la beauté du Colonel :

"Pauvre monsieur !" s'écria-t-elle, il est jeune, frais et blond comme un petit poulet. S'il ne ressuscite pas, ce sera bien dommage !

Il y avait une quarantaine de personnes dans le laboratoire lorsque Fougas y fut transporté. M. Nibor, assisté de M. Martout , le plaça sur un canapé et lui demanda quelques instants de silence attentif. Au cours de ces débats, Mme. Renault envoya demander si elle pouvait entrer. Elle fut admise.

« Madame et messieurs, dit le docteur Nibor, la vie se manifestera dans quelques minutes. Il est possible que les muscles agissent les premiers, et que leur action soit convulsive, parce qu'ils ne sont pas encore réglés par l'influence des muscles. le système nerveux. Je dois vous avertir de ce fait, afin que vous ne soyez pas effrayé si une telle chose se produit. Madame, étant mère, devrait s'en étonner moins que personne ; elle a éprouvé, à Au quatrième mois de grossesse, l'effet de ces mouvements irréguliers qui nous seront peut-être bientôt présentés sur une plus grande échelle. J'espère cependant que les premières contractions spontanées auront lieu dans les fibres du cœur. C'est le cas dans l'embryon, où les mouvements rythmiques du cœur précèdent les fonctions nerveuses.

Il recommença à faire des compressions systématiques de la partie inférieure de la poitrine, frottant la peau avec ses mains, entr'ouvrant les paupières, examinant le pouls et auscultant la région du cœur.

L'attention des spectateurs fut détournée un instant par un brouhaha extérieur. Un bataillon du 23 passait, musique en tête, par la rue de la Faisanderie . Pendant que les Sax-horns secouaient les vitres, un éclair soudain éclaira les joues du colonel. Ses yeux, qui étaient restés à moitié ouverts, s'illuminèrent d'un éclat plus brillant. Au même instant, le docteur Nibor, qui avait l'oreille appliquée sur la poitrine, s'écria :

"J'entends les battements du coeur !"

A peine avait-il parlé, que la poitrine se souleva dans une violente inspiration, les membres se contractèrent, le corps se redressa, et il s'en échappa un cri : « *Vive ! l'Empereur* ."

Mais comme si un si grand effort avait épuisé ses forces, le colonel Fougas se laissa tomber sur le canapé en murmurant d'une voix sourde :

"Où suis-je ? Serveur ! Apportez-moi un journal !"

CHAPITRE XI.

OÙ LE COLONEL FOUGAS APPREND DES NOUVELLES QUI PARAÎTRAIENT ANCIENNES À MES LECTEURS.

Parmi toutes les personnes présentes sur les lieux, aucune n'a jamais assisté à une réanimation. Je vous laisse imaginer la surprise et la joie qui régnaient dans le laboratoire. Une triple salve d'applaudissements, mêlée d'acclamations, a salué le triomphe du docteur Nibor. La foule, compacte dans le salon, dans les couloirs, dans la cour et même dans la rue, comprit à ce signal que le miracle s'accomplissait. Rien ne put les retenir, ils forcèrent les portes, franchirent tous les obstacles, bouleversèrent tous les philosophes qui tentèrent de les arrêter, et finirent par se déverser dans la chambre des Sciences .

"Messieurs!" s'écria M. Nibor, voulez-vous le tuer ?

Mais ils l'ont laissé parler. La plus folle de toutes les passions, la curiosité, dominait depuis longtemps la foule : chacun voulait voir, au risque d'écraser les autres. M. Nibor tomba, M. Renault et son fils, en voulant le secourir, furent jetés sur lui ; Madame Renault, à son tour, fut jetée aux pieds de Fougas et se mit à crier à pleine voix.

"Damnation!" dit Fougas en se redressant comme par un ressort, ces canailles nous étoufferont si on ne les écrase pas ! Son attitude, l'éclat de ses yeux et surtout le prestige du miraculeux dégageaient un espace autour de lui. On aurait dit que les murs s'étaient étirés ou que les spectateurs s'étaient glissés les uns dans les autres !

"Sortez d'ici, le fils de votre mère !" s'écria Fougas de son ton de commandement le plus féroce. Un tumulte de cris, d'explications et de remontrances s'éleva autour de lui ; il crut entendre des menaces, il s'empara de la première chaise à sa portée, la brandit comme une arme, chassa, martela, bouleversa les bourgeois, les soldats, les fonctionnaires, les *savants* , les amis, les voyants, les commissaires de police, tout le monde, et exhorta les humains. torrent dans la rue avec un tumulte parfaitement indescriptible. Ceci fait, il ferma la porte et la verrouilla, revint au laboratoire, aperçut trois hommes debout près de madame Renault, et dit à la vieille dame en adoucissant le ton de sa voix :

"Eh bien, bonne mère, dois-je servir ces trois-là comme les autres ?"

"Non ! Non ! Non ! Faites attention !" s'écria la bonne vieille dame. "Mon mari et mon fils, Monsieur, et le docteur Nibor, qui vous a redonné la vie."

"En ce cas tout honneur à eux, bonne mère ! Fougas n'a jamais violé les lois de la gratitude et de l'hospitalité. Quant à toi, mon Esculape , donne-moi la main !"

Au même instant, il aperçut une dizaine ou une douzaine de curieux sur la pointe des pieds sur le trottoir, juste à côté des fenêtres du laboratoire. Aussitôt il marcha et les ouvrit avec une précipitation qui bouleversa les spectateurs parmi la foule.

« Peuple, dit-il, j'ai renversé cent pandours mendiants qui ne respectent ni le sexe ni l'infirmité. Pour ceux qui ne sont pas satisfaits, je dirai que je m'appelle colonel Fougas du 23. Et *Vive l'Empereur !* "

Un mélange confus d'applaudissements, de cris, de rires et de railleries répondit à cette allocution inédite. Léon Renault s'empressa de présenter ses excuses à tous ceux à qui elles étaient dues. Il invita quelques amis à dîner le soir même avec le terrible colonel et, bien entendu, il n'oublia pas d'envoyer un messager spécial à Clémentine. Fougas , après avoir parlé au peuple, revint vers ses hôtes en se balançant d'un air fanfaron, se mit à califourchon sur une chaise, saisit le bout de sa moustache et dit :

"Eh bien ! Viens, parlons-en. J'ai été malade alors ?"

"Très malade."

"C'est fabuleux ! Je me sens tout à fait bien. J'ai faim, et en plus, en attendant le dîner, je vais même essayer un verre de ton schnick ."

Mme. Renault sortit, donna un ordre et revint aussitôt.

— Mais dites-moi donc où je suis, reprit le colonel. " A ces attirails de travail, je reconnais un disciple d'Uranie ; peut-être un ami de Monge et de Berthollet. Mais la cordialité empreinte de vos visages me prouve que vous n'êtes pas originaire de ce pays de aigre-doux . Oui, je crois. des battements de mon cœur. Mes amis, nous avons la même patrie. La bonté de votre accueil, même s'il n'y avait pas d'autres indices, m'aurait convaincu que vous êtes Français. Quels accidents vous ont amené si loin de notre terre natale ? Enfants de mon pays, quelle tempête vous a jeté sur ce rivage inhospitalier ? »

- Mon cher colonel, répondit M. Nibor, si vous voulez devenir très sage, vous ne poserez pas tant de questions à la fois. Laissez-nous le plaisir de vous instruire tranquillement et avec ordre, car vous avez beaucoup de choses à faire. apprendre."

Le colonel rougit de colère et répondit sèchement :

— En tout cas, vous n'êtes pas homme à me les apprendre, mon petit monsieur !

Une goutte de sang qui tomba sur sa main changea le cours de sa pensée :

"Attendez!" a-t-il dit; "Est-ce que je saigne ?"

"Cela ne servira à rien ; la circulation est rétablie , et ton oreille cassée..."

Il porta rapidement la main à son oreille et dit :

"C'est certainement le cas. Mais que diable m'emporte si je me souviens de cet accident !"

"Je vais te faire un petit pansement, et dans quelques jours il n'en restera plus aucune trace !"

" Ne vous en faites pas, mon cher Hippocrate ; une pincée de poudre est un remède souverain ! "

M. Nibor s'employa à habiller l'oreille d'une manière un peu moins militaire. Au cours de ses opérations, Léon rentra .

"Ah ah!" dit-il au docteur, vous réparez le mal que j'ai fait.

« Tonnerre ! » s'écria Fougas en s'échappant des mains de M. Nibor pour saisir Léon au collet, c'est toi, coquin, qui m'as fait mal à l'oreille ?

Léon était de très bonne humeur, mais sa patience lui faisait défaut. Il repoussa brutalement son homme.

"Oui, monsieur, c'est moi qui vous ai arraché l'oreille en la tirant, et si ce petit malheur ne m'était pas arrivé, il est certain que vous seriez, aujourd'hui, six pieds sous terre . C'est moi qui vous ai sauvé la vie, après vous avoir acheté avec mon argent alors que vous n'étiez pas évalué à plus de vingt-cinq louis. C'est moi qui ai passé trois jours et deux nuits à fourrer du charbon sous votre chaudière. C'est mon père qui vous a donné les vêtements. Allez-y maintenant. Vous êtes chez nous. Buvez le petit verre d'eau-de-vie que Gothon vient de vous apporter ; mais, pour l'amour de Dieu, abandonnez l'habitude de me traiter de coquin, d'appeler ma mère « Bonne Mère ». et de jeter nos amis à la rue et de les traiter de mendiants pandours ! "

Le colonel, tout abasourdi, tendit la main à Léon, à M. Renault et au docteur, baisa galamment la main de Mme. Renault, avala d'un trait un verre de bordeaux rempli à ras bord d'eau-de-vie, et dit d'une voix sourde :

"Très excellents amis, oubliez les caprices d'une âme impulsive mais généreuse. Maîtriser mes passions sera désormais ma loi. Après avoir conquis toutes les nations de l'univers, il est bon de se conquérir soi-même."

Cela dit, il soumit son oreille à M. Nibor, qui acheva de la panser.

"Mais," dit-il en rappelant ses souvenirs, "ils ne m'ont pas fusillé alors ?"

"Non."

"Et je n'étais pas mort de froid dans la tour ?"

"Pas assez."

"Pourquoi m'a-t-on enlevé mon uniforme ? Je vois ! Je suis prisonnier !"

"Tu es libre."

"Gratuit ! *Vive l'Empereur !* Mais alors, il n'y a pas un instant à perdre ! Combien de lieues y a-t-il jusqu'à Dantzic ?"

"C'est très loin."

"Comment appelle-t-on ce poulailler d'une ville ?"

"Fontainebleau."

"Fontainebleau ! En France ?"

" Préfecture de Seine-et-Marne. Nous allons vous présenter le sous-préfet que vous venez de jeter dans la rue. "

" Que diable sont pour moi vos sous-préfets ? J'ai un message de l'Empereur pour le général Rapp, et je dois partir, aujourd'hui même, pour Dantzic ... Dieu sait si j'y serai à temps ! "

"Mon pauvre colonel, vous arriverez trop tard. Dantzic est abandonné."

"C'est impossible ! Depuis quand ?"

"Il y a environ quarante-six ans."

"Tonnerre ! Je n'ai pas compris que tu te moquais de moi !"

M. Nibor lui mit dans la main un calendrier et dit : « Voyez par vous-même ! Nous sommes maintenant le 17 août 1859 ; vous vous êtes couché dans la tour de Liebenfeld le 11 novembre 1813 ; il y a eu alors , quarante-six ans, en tout à trois mois, pendant lesquels le monde a évolué sans toi."

« Vingt-quatre et quarante-six ans ; mais alors j'aurais soixante-dix ans, d'après votre déclaration !

"Votre vitalité montre clairement que vous avez encore vingt-quatre ans."

Il haussa les épaules, déchira le calendrier et dit en frappant le sol du pied : « Votre almanach est une farce !

M. Renault courut à sa bibliothèque, prit au hasard une demi-douzaine de livres et lui fit lire, au bas des pages de titre, les dates 1826, 1833, 1847, 1858.

"Excusez-moi!" dit Fougas en enfouissant sa tête dans ses mains. "Ce qui m'est arrivé est si nouveau ! Je ne pense pas qu'un autre être humain ait jamais été soumis à une telle épreuve. J'ai soixante-dix ans !"

La bonne madame Renault alla chercher un miroir dans la salle de bain et le lui donna en disant :

"Regarder!"

Il prit le verre à deux mains, et était occupé en silence à reprendre connaissance, lorsqu'un orgue entra dans la cour et commença à jouer : Partant pour la Syrie !

Fougas jeta le miroir à terre et s'écria :

"Qu'est-ce que tu me disais ? J'entends la petite chanson de la reine Hortense !" [4]

M. Renault lui expliqua patiemment, en ramassant les morceaux du miroir, que la jolie petite chanson de la reine Hortense était devenue un air national, et même officiel, depuis que les musiques du régiment avaient substitué cette douce mélodie à la farouche Marsellaise. , et que nos soldats, chose étrange à dire, ne s'en étaient pas plus mal battus. Mais le colonel avait déjà ouvert la fenêtre et criait au Savoyard :

"Eh ! Ami ! Un Napoléon pour toi si tu me dis en quelle année je tire le souffle de vie !"

L'artiste a commencé à danser le plus légèrement possible en jouant sur son instrument de musique.

"Avancez à la commande !" s'écria le colonel, et taisez cette machine diabolique !

"Un petit sou, mon bon monsieur !"

"Ce n'est pas un sou que je te donnerai, mais un napoléon, si tu me dis en quelle année nous sommes."

" Oh mais c'est drôle ! Salut-salut-salut !"

"Et si tu ne me le dis pas plus vite que ça, je te coupe les oreilles !"

Le Savoyard s'enfuit, mais il revint assez vite, après avoir médité, pendant sa fuite, la maxime : « Rien ne risque rien ne gagne ».

« Monsieur, dit-il d'une voix enjouée, nous sommes en l'an mille huit cent cinquante-neuf.

"Bien!" s'écria Fougas . Il chercha de l'argent dans ses poches et n'y trouva rien. Léon, voyant sa situation, jeta vingt francs au tribunal. Avant de fermer la fenêtre, il montra, à droite, la façade d'un joli petit immeuble neuf où le Colonel pouvait lire distinctement

AUDRET ARCHITECTE.

MDCCCLIX.

Un témoignage tout à fait satisfaisant et qui ne coûtait pas vingt francs.

Fougas , un peu confus, serra la main de Léon, et lui dit :

" Mon ami, je n'oublie pas que la confiance est le premier devoir de la gratitude envers la bienfaisance. Mais parlez-moi de notre pays ! Je foule le sol sacré où j'ai reçu mon être, et j'ignore la carrière de ma terre natale. France est toujours la reine du monde, n'est-ce pas ? »

"Certainement", dit Léon.

"Comment va l' Empereur ?"

"Bien."

"Et l'Impératrice ?"

"Très bien."

"Et le roi de Rome ?"

"Le Prince Impérial ? C'est un très bel enfant."

"Comment ? Un bel enfant ! Et tu as le visage pour dire que nous sommes en 1859 !"

M. Nibor reprit la conversation et expliqua en quelques mots que le souverain régnant de la France n'était pas Napoléon Ier, mais Napoléon III.

« Mais alors, s'écria Fougas , mon empereur est mort !

"Oui."

"Impossible ! Dites-moi tout ce que vous voulez sauf ça ! Mon Empereur est immortel."

M. Nibor et les Renault, qui n'étaient pas tout à fait des historiens professionnels, furent obligés de lui faire un résumé de l'histoire de notre siècle. On s'en est pris à un gros livre écrit par M. de Norvins et illustré de belles gravures par Raffet . Il ne croyait à la présence de la Vérité que lorsqu'il pouvait la toucher de la main, et criait encore presque à chaque instant : « C'est impossible ! Ce n'est pas de l'histoire que vous me lisez : c'est un roman écrit pour faire pleurer les soldats ! "

Ce jeune homme devait en effet avoir une âme forte et de bon caractère, car il apprit en quarante minutes tous les événements douloureux que la Fortune avait semés pendant dix-huit ans, depuis la première abdication jusqu'à la mort du roi de Rome. Moins heureux que ses anciens compagnons d'armes, il n'avait aucun intervalle de repos entre ces secousses terribles et répétées, qui lui frappaient toutes le cœur en même temps. On aurait pu craindre que le coup ne se révèle mortel, et que le pauvre Fougas meure dans la première heure de sa vie retrouvée. Mais le diablotin d'un individu céda et se reprit rapidement comme un ressort. Il cria d'admiration en entendant parler des cinq batailles de la campagne de France ; il rougit de chagrin aux adieux de Fontainebleau. Le retour de l'île d'Elbe transfigura sa belle et noble figure ; à Waterloo, son cœur s'élança avec la dernière armée de l'Empire, et s'y brisa. Puis il serra les poings et dit entre ses dents : « Si j'avais été là à la tête du 23, Blucher et Wellington auraient connu un autre sort ! L'invasion, la trêve, le martyr de Sainte-Hélène, l'effroyable terreur de l'Europe, le meurtre de Murat, l'idole de la cavalerie, la mort de Ney, de Bruno, de Mouton Duvernet et de tant d'autres hommes entiers qu'il qu'il avait connu, admiré et aimé, le jeta dans une série de paroxysmes de rage, mais rien ne le bouleversa. En apprenant la mort de Napoléon, il jura qu'il mangerait le cœur de l'Angleterre ; la lente agonie du pâle et intéressant héritier de l'Empire lui inspira la passion d'arracher les entrailles de l'Autriche. Lorsque le drame fut terminé et que le rideau tomba sur Schönbrunn , il essuya ses larmes et dit : "C'est bien. J'ai vécu en un instant toute une vie d'homme. Maintenant, montre-moi la carte de France !"

Léon commençait à feuilleter un atlas, tandis que M. Renault essayait de continuer à raconter au colonel l'histoire de la Restauration et de la monarchie de 1830. Mais Fougas s'intéressait à autre chose.

« Qu'importe, dit-il, si quelques centaines de députés bavards mettent un roi à la place d'un autre ? Des rois ! J'en ai assez vu dans la boue. Si l'Empire avait duré dix ans de plus, je j'aurais pu avoir un roi pour un noir de bottes."

Quand on lui présenta l'atlas, il s'écria aussitôt avec un profond dédain : « Ça, la France ! Mais bientôt deux larmes d'affection compatissante s'échappant de ses yeux, gonflèrent les rivières de l'Ardèche et de la Gironde. Il embrassa la carte et dit avec une émotion qui se communiqua à presque toutes les personnes présentes :

" Pardonne-moi, pauvre vieil amour, d'avoir insulté ton malheur. Ces canailles que nous avons toujours fouettées ont profité de mon sommeil pour abattre tes frontières ; mais petit ou grand, riche ou pauvre, tu es ma mère, et je t'aime comme une fils fidèle ! Voici la Corse, où est né le géant de notre siècle ; voici Toulouse, où j'ai vu la lumière ; voici Nancy où j'ai senti mon cœur s'éveiller, où peut-être m'attend celle que j'appelle mon Ægle . pourtant ! France ! Tu as un temple dans mon âme ; ce bras est à toi ; tu me trouveras toujours prêt à verser mon sang jusqu'à la dernière goutte pour te défendre ou te venger !

CHAPITRE XII.

LE PREMIER REPAS DU CONVALESCENT.

Le messager que Léon avait envoyé à Moret ne put y arriver avant sept heures. En supposant qu'il trouverait les dames à table avec leurs hôtes, que la grande nouvelle écourterait le dîner et qu'il y aurait une voiture à portée de main, Clémentine et sa tante seraient probablement à Fontainebleau entre dix et onze heures. Le jeune Renault se réjouissait d'avance du bonheur de sa *fiancée* . Quelle joie ce serait pour elle et pour lui lorsqu'il lui présenterait l'homme miraculeux qu'elle avait protégé contre les horreurs du tombeau, et qu'il avait ressuscité en réponse à sa supplication !

Pendant ce temps Gothon , fière et heureuse au même degré qu'elle avait été auparavant scandalisée et agacée, dressait la table pour une douzaine de personnes. Son camarade de joug, un jeune campagnard de dix-huit ans, à demi-autochtone de la commune des Sablons, l'aidait de toutes ses forces et l'amusait de sa conversation.

"Eh bien, maintenant, Madame Gothon , dit-il en déposant une pile d'assiettes vides, voilà ce qu'on pourrait appeler un fantôme qui sort de sa boîte pour contrarier le commissaire et le sous-préfet !

" Fantôme, si tu veux, Célestin ; c'est sûr, sûr qu'il vient de bonne voie , pauvre jeune homme ! Mais peut-être que " fantôme " n'est pas un mot approprié pour parler de nos maîtres. "

"Est-il donc vrai qu'il est également devenu notre maître ? *Ils sont trop nombreux* à venir chaque jour. J'aimerais mieux que davantage de serviteurs et d'aide viennent !"

" Tais-toi, lézard de la paresse ! Quand messieurs nous laissent des pourboires pour partir, tu ne te plains pas car il n'y en a que deux pour les partager . "

J'ai emporté plus de cinquante seaux d'eau pour qu'il puisse y mijoter, votre colonel, et je sais bien qu'il ne me donnera pas un sou, car il n'a pas d'argent. " Il n'a pas un sou dans ses poches. Il faut croire que l'argent n'est pas abondant dans le pays d'où il vient ! "

« On dit qu'il y a des testaments en sa faveur à Strasbourg ; un gentleman qui aurait nui à sa fortune... »

"Dites-moi maintenant, Madame Gothon , vous qui lisez un petit livre tous les dimanches, où il aurait pu être, notre colonel, alors qu'il n'était pas de ce monde.

"Eh ! Au purgatoire, bien sûr !"

" Alors pourquoi ne lui poses-tu pas des questions sur ce fameux Baptiste, ton amoureux en 1837, qui s'est laissé tomber d'un toit et pour lequel tu fais dire tant de messes ? Ils auraient dû se rencontrer là-bas ! "

"C'est très possible."

"A moins que Baptiste soit parti d'ici depuis le temps où tu as payé tant d'argent pour le faire sortir."

" Très bien. J'irai ce soir même dans la chambre du Colonel, et comme il n'est pas fier, il me dira tout ce qu'il en sait. — Mais , Célestin, tu n'agiras jamais autrement ? Tiens. tu as encore frotté mes couteaux à cornichons en argent sur la meule ! »

Les invités entrèrent dans le salon où étaient déjà rassemblées la famille Renault avec M. Nibor et le colonel. Ils furent successivement présentés à M. Fougas le maire de la ville, le docteur Martout , maître Bonnivet le notaire, M. Audret , et trois membres du comité de Paris ; les trois autres avaient été obligés de rentrer avant le dîner. Les invités n'étaient pas tout à fait à l'aise ; leurs flancs, meurtris par les premiers mouvements de Fougas , leur laissaient supposer qu'ils dînaient peut-être chez un maniaque. Mais la curiosité était plus forte que la peur. Le colonel les rassura bientôt par un accueil des plus cordiaux. Il s'excusa de jouer le rôle d'un homme qui revient tout juste de l'autre monde. Il parlait beaucoup, un peu trop peut-être ; mais on fut si heureux de l'écouter, et ses paroles empruntèrent une telle importance à la singularité des événements récents, qu'il remporta un succès sans réserve. On lui apprit que le docteur Martout avait été l'un des principaux agents de sa réanimation, en liaison avec une autre personne qu'on lui promettait de lui présenter prochainement. Il remercia chaleureusement M. Martout et lui demanda dans combien de temps il pourrait lui témoigner sa gratitude.

« J'espère, dit Léon, que vous la verrez ce soir.

Personne n'est venu plus tard que le colonel du 23e de ligne, M. Rollon. Il se fraya un chemin sans peine à travers la foule qui remplissait la rue de la Faisanderie . C'était un homme de quarante-cinq ans, à la voix vive et à la silhouette ample. Ses cheveux étaient un peu grisonnants, mais sa moustache brune, pleine et tordue aux extrémités, paraissait toujours aussi jeune. Il parlait peu, allait droit au but, savait beaucoup de choses et ne se vantait pas ; en somme, c'était un bon spécimen de colonel. Il s'approcha de Fougas et lui tendit la main comme une vieille connaissance.

« Mon cher camarade, dit-il, j'ai pris un grand intérêt à votre résurrection, tant pour moi que pour le régiment. Le 23 que j'ai l'honneur de commander, vous a vénéré hier comme un ancêtre. aujourd'hui, elle vous chérira comme un ami. » — Pas la moindre allusion à l'affaire du matin, où M. Rollon avait subi ses coups avec les autres.

Fougas répondit convenablement, mais avec une pointe de froideur :

« Mon cher camarade, je vous remercie de vos bons sentiments. Il est singulier que le destin me mette en présence de mon successeur le jour même où je rouvre les yeux sur la lumière ; car, après tout, je ne suis ni mort ni mort. général ; je n'ai pas été muté, ni mis à la retraite ; pourtant je vois un autre officier, plus digne sans doute, à la tête de mon noble 23e. Mais si vous avez pour devise « Honneur et Courage », comme je le sais bien satisfait que vous l'ayez fait, je n'ai pas le droit de me plaindre et le régiment est entre de bonnes mains.

Le dîner était prêt. Mme. Renault prit le bras de Fougas . Elle le fit asseoir à sa droite, et M. Nibor à sa gauche. Le colonel et le maire prirent place aux côtés de M. Renault ; le reste de l'entreprise s'est distribué comme cela s'est produit, sans tenir compte de l'étiquette.

Fougas avalait la soupe et *les entrées* , se servait de chaque plat et buvait en proportion. Un appétit d'autre monde ! « Estimable Amphitryon, dit-il à M. Renault, ne vous effrayez pas en me voyant tomber sur les rations. J'ai toujours mangé ainsi, sauf pendant la retraite de Russie. Considérez aussi que je me suis endormi la nuit dernière. , à Liebenfeld , sans souper.

Il pria M. Nibor de lui expliquer par quelles circonstances il était venu de Liebenfeld à Fontainebleau.

« Vous souvenez-vous, dit le docteur, d'un vieil Allemand qui vous servait d'interprète devant la cour martiale ?

"Parfaitement. Un homme excellent, avec une perruque violette. Je me souviendrai de lui toute ma vie, car il n'existe pas deux perruques de cette couleur."

— Très bien, c'est l'homme à la perruque violette, autrement connu sous le nom de célèbre docteur Meiser, qui vous a sauvé la vie.

"Où est-il ? Je veux le voir, tomber dans ses bras, lui dire..."

" Il avait soixante-huit ans lorsqu'il vous a rendu ce petit service ; il aurait alors aujourd'hui cent quinzième année, s'il avait attendu vos remerciements. "

"Et voilà qu'il n'est plus ! La mort lui a volé ma gratitude !"

" Vous ne savez pas encore tout ce que vous lui devez. Il vous a légué, en 1824, une fortune de soixante-quinze mille francs, dont vous êtes le propriétaire légitime. Or, puisqu'une somme placée à cinq pour cent se double en quatorze ans, grâce aux intérêts composés, vous valiez, en 1838, une bagatelle de sept cent cinquante mille francs, et en 1852, un million et demi. Enfin, si vous vous contentez de laisser vos biens entre les mains de M. Nicolas Meiser, de Dantzic , ce digne homme vous devra trois millions au commencement de 1866, c'est-à-dire dans sept ans. Nous vous donnerons ce soir une copie du testament de votre bienfaiteur ; c'est une très document instructif, et vous pourrez y réfléchir en vous couchant."

"Je le lirai volontiers", a déclaré le colonel Fougas . "Mais l'or n'a aucun attrait pour mes yeux. La richesse engendre la faiblesse. Moi, languir dans l'oisiveté paresseuse de Sybaris ! — énerver mes sens sur un lit de roses ! Jamais ! L'odeur de la poudre m'est plus chère que tous les parfums. d'Arabie. La vie n'aurait ni charme ni saveur pour moi, si je devais renoncer au fracas inspirant des armes. Le jour où l'on vous apprendra que Fougas ne marche plus dans les colonnes de l'armée, vous pourrez répondre en toute sécurité : « C'est parce que Fougas n'est plus !'"

Il se tourna vers le nouveau colonel du 23 et dit :

" Oh ! dites-leur, mon cher camarade, que le faste orgueilleux de la richesse est mille fois moins doux que l'austère simplicité du soldat, du colonel surtout. Les colonels sont les rois de l'armée. Un colonel est moins qu'un général, mais néanmoins il a quelque chose de plus. Il vit davantage avec le soldat ; il pénètre plus profondément dans l'intimité de son commandement. Il est le père, le juge, l'ami de son régiment. Le bien de chacun de ses membres. ses hommes sont entre ses mains ; le drapeau est placé sous sa tente ou dans sa chambre. Le colonel et le drapeau ne sont pas deux existences séparées ; l'un est l'âme, l'autre est le corps.

Il demanda à M. Rollon la permission d'aller voir et d'embrasser le drapeau du 23.

« Vous le verrez demain matin, dit le nouveau colonel, si vous me faites l'honneur de déjeuner avec moi en compagnie de quelques-uns de mes officiers.

Il accepta l'invitation avec enthousiasme et se jeta au milieu de mille questions touchant la solde, le montant retenu pour l'habillement, la promotion, l'effectif, la réserve, l'uniforme, la tenue de grande tenue et de fatigue, l'armement et la tactique. Il comprit sans difficulté les avantages du canon à percussion, mais la tentative de lui expliquer le canon rayé fut vaine. L'artillerie n'était pas son point fort ; mais il avoua néanmoins que Napoléon avait dû plus d'une victoire à sa belle artillerie.

Tandis que les innombrables rôtis de Mme. Les Renault se succédaient sur la table, Fougas demandait, mais sans jamais perdre un morceau, quelles étaient les principales guerres en cours, combien de nations la France avait entre les mains, et si elle n'avait pas pour objectif, à terme, de recommencer la conquête du monde. ? Les réponses qu'il reçut, sans le satisfaire complètement, ne le prirent pas entièrement d'espoir.

« J'ai bien fait de venir, dit-il ; "il y a du travail à faire."

Les guerres d'Afrique ne l'intéressaient pas beaucoup, même si le 23e y avait gagné une bonne part de gloire.

"En tant qu'école, c'est très bien", dit-il. " Le soldat devrait s'entraîner autrement que dans les jardins de Tivoli, derrière les jupons des infirmières. Mais pourquoi diable ne jette-t-on pas cinq cent mille hommes sur le dos de l'Angleterre ? L'Angleterre est l'âme de la coalition, je vous le dis. que."

Que d'explications ont été nécessaires pour lui faire comprendre la guerre de Crimée, où les Anglais avaient combattu à nos côtés !

« Je peux comprendre, dit-il, pourquoi nous nous sommes moqués des Russes : ils m'ont fait manger mon meilleur cheval. Mais les Anglais sont mille fois pires. Si ce jeune homme (l' empereur Napoléon III) ne le fait pas, Je ne le sais pas, je lui dirai. Il n'y a pas de quartier possible après ce qu'ils ont fait à Sainte-Hélène ! Si j'avais été commandant en chef en Crimée, j'aurais commencé par écraser correctement les Russes, après quoi Je me serais retourné contre les Anglais et je les aurais jetés à la mer. De toute façon, c'est leur élément.

On lui donna quelques détails sur la campagne d'Italie, et il fut charmé d'apprendre que le 23 avait pris une redoute sous les yeux du maréchal duc de Solférino.

— C'est l'habitude du régiment, dit-il en versant des larmes sur sa serviette. "Ce brigand de 23d n'agira jamais autrement. La déesse de la Victoire l'a touché de son aile."

Une des choses, par exemple, qui l'étonnait beaucoup, c'était qu'une guerre d'une telle importance se terminât en si peu de temps. Il lui fallait encore savoir qu'en quelques années le monde avait appris le secret de transporter cent mille hommes, en quatre jours, d'un bout à l'autre de l'Europe.

"Bien!" a-t-il dit; " J'en admets la praticabilité. Mais ce qui m'étonne, c'est que l' Empereur n'ait pas inventé cette affaire en 1810 ; car il avait un génie pour les transports, un génie pour l'administration, un génie pour les détails de bureau, un génie pour tout. Mais (pour reprendre votre histoire) les Autrichiens sont enfin fortifiés, et vous ne pourrez pas arriver à Vienne en moins de trois mois.

"En fait, nous ne sommes pas allés aussi loin."

"Vous n'avez pas poussé jusqu'à Vienne ?"

"Non."

"Eh bien, où avez-vous signé le traité de paix ?"

"À Villafranca."

"À Villafranca ? C'est donc la capitale de l'Autriche ?"

"Non, c'est un village d'Italie."

« Monsieur, je n'admets pas que les traités de paix se signent ailleurs que dans les capitales. C'était notre principe, notre ABC, le premier paragraphe de notre théorie. Il semble que le monde ait dû beaucoup changer alors que je n'étais pas là. dedans. Mais patience!"

Et maintenant, la vérité m'oblige à avouer que Fougas s'est saoulé au dessert. Il avait bu et mangé comme un héros homérique et parlait plus couramment que Cicéron dans ses meilleurs jours. Les vapeurs du vin, des épices et de l'éloquence montaient dans son cerveau. Il se faisait familier, parlait affectueusement aux uns, grossièrement aux autres, et déversait un torrent d'absurdités à faire tourner quarante moulins. Son ivresse, cependant, n'avait rien de brutal, ni même d'ignoble ; ce n'était que le débordement d'un esprit jeune, affectueux, vaniteux et déséquilibré. Il proposa cinq ou six toasts : à la gloire, à l'extension de nos frontières, à la destruction des derniers Anglais, à Mlle. Mars — l'espoir de la scène française, à Affection — le lien fragile mais cher qui unit l'amant à sa bien-aimée, le père à son fils, le colonel à son régiment !

Son style, singulier mélange de familiarité et d'impressionnant, provoqua plus d'un sourire parmi l'auditoire. Il l'a remarqué et une étincelle de défi a éclaté au fond de son cœur. De temps en temps , il demandait haut et fort si « ces gens-là » n'abusaient pas de sa naïveté.

"Confusion!" s'écria-t-il, confusion à ceux qui veulent que je prenne des vessies pour des lanternes ! La lanterne peut exploser comme une bombe et porter la consternation sur son passage !

Après une série de remarques de ce genre, il ne lui restait plus qu'à rouler sous la table, et ce *dénouement* était généralement attendu. Mais le colonel appartenait à une génération robuste, habituée à plus d'une sorte d'excès, et forte pour résister aux plaisirs comme aux dangers, aux privations et aux fatigues. Ainsi, lorsque Mme Renault repoussa sa chaise, signifiant que le repas était fini, Fougas se leva sans difficulté, lui offrit gracieusement le bras et conduisit sa compagne au salon. Sa démarche était un peu raide et d'une régularité oppressante, mais il allait droit devant lui et n'oscillait pas du tout. Il prit quelques tasses de café et de spiritueux avec modération, après quoi il commença à parler de la manière la plus raisonnable du monde. Vers dix heures, M. Martout , ayant exprimé le désir d'entendre son histoire, se plaça sur un tabouret, rassembla un instant ses idées et demanda un verre d'eau et du sucre. La compagnie s'assit en cercle autour de lui, et il commença le récit suivant, dont le style un peu suranné demande votre indulgence.

CHAPITRE XIII.

HISTOIRE DU COLONEL FOUGAS, RAPPORTÉE PAR LUI-MÊME.

"N'espérez pas que j'orne mon histoire de ces fleurs plus agréables que substantielles, dont l'imagination se sert souvent pour occulter la vérité. Français et soldat, j'ignore doublement la tromperie. L'amitié m'interroge, la franchise répondra.

« Je suis né de parents pauvres mais honnêtes au début d'une année que le *Jeu de Paume* [5] éclairait d'une aurore de liberté. Le midi était mon climat natal ; la langue chère aux troubadours était celle que je bégayais dans mon berceau. Ma naissance a coûté la vie à ma mère. L'auteur du mien était l'humble propriétaire d'une petite ferme, et mouillait son pain dans la sueur du travail. Mes premiers sports n'étaient pas ceux de la richesse. Les cailloux multicolores que l'on trouve par les ruisseaux et cet insecte bien connu que l'enfance tient à la fois libre et captif au bout d'un fil, me tenaient à la place d'autres jouets.

"Un vieux ministre à l'autel de la Dévotion, affranchi de l'esclavage obscur du fanatisme et réconcilié avec les nouvelles institutions de la France, était mon Chiron et mon Mentor. Il m'a nourri de la forte moelle du lion de Rome et d'Athènes ; ses lèvres distillaient dans mes oreilles le miel embaumé de la sagesse. Honneur à toi, savant et vénérable homme, qui m'as donné les premiers préceptes de la sagesse et les premiers exemples de vertu !

" Mais déjà cette atmosphère de gloire que le génie d'un homme et la valeur d'une nation avaient fait flotter sur le pays, remplissait tous mes sens et faisait palpiter mon jeune cœur. La France, au bord du volcan de la guerre civile, avait rassemblé toutes ses forces dans un coup de foudre destiné à se lancer sur l'Europe, et le monde, stupéfait sinon accablé, reculait devant le déferlement du torrent déchaîné. Quel homme, quel Français aurait pu entendre avec indifférence cet écho de victoire se répercutant à travers des millions de personnes. de coeurs ?

« A peine sorti de l'enfance, je sentais que l'honneur est plus précieux que la vie. La musique guerrière des tambours me faisait monter aux yeux des larmes courageuses et viriles. « Et moi aussi », dis-je en suivant dans les rues la musique des régiments. de Toulouse, « cueillera des lauriers, même si je les asperge de mon sang ». L'olive pâle de la paix n'avait de moi que mépris. On exaltait en vain les paisibles triomphes de la loi, les calmes plaisirs du commerce et de la finance. A la toge de notre Cicéron , à la robe de nos magistrats, à la chaise curule. de nos législateurs, à l'opulence de nos Mondors

, j'ai préféré l'épée. On eût dit que j'avais sucé le lait de Bellone. « La victoire ou la mort ! C'était déjà ma devise, et je n'avais pas seize ans.

" Avec quel noble mépris j'entendais raconter l'histoire de nos Proteuses de la politique ! Avec quels regards dédaigneux je regardais les Turcarets de la finance, affalés sur les coussins de quelque magnifique voiture, et conduits par un automate galonné jusqu'au boudoir de quelque Aspasie. Mais si j'entendais raconter les hauts faits des chevaliers de la Table Ronde, ou la valeur des croisés célébrés en vers fluides ; si le hasard me remettait entre les mains les grandes actions de nos Roland modernes, racontées dans un bulletin d'armée par le successeur de Charlemagne , une flamme présageant le feu des batailles s'éleva dans mes jeunes yeux.

" Ah ! l'inaction était de trop, et mes liens, déjà usés par l'impatience, se seraient peut-être brisés si la sagesse d'un père ne les avait dénoués.

« Très certainement, me dit-il en essayant, mais en vain, de retenir ses larmes, ce n'est pas un tyran qui t'a engendré, et je n'empoisonnerai pas la vie que je t'ai donnée moi-même. J'avais espéré que ta main Je resterais dans notre chaumière pour fermer mes yeux ; mais quand le patriotisme a parlé, l'égoïsme doit se taire. Mes prières vous suivront toujours jusqu'au champ où Mars moissonne les héros. Puissiez-vous mériter le guerdon de la vaillance et vous montrer un bon citoyen, comme tu as été un bon fils !

" En parlant ainsi, il m'ouvrit les bras. Je m'y jetai ; nous mêlâmes nos larmes, et je promis de revenir à notre foyer dès que je pourrais rapporter l'étoile d'honneur suspendue à ma poitrine. Mais hélas ! mon malheureux mon père était destiné à ne plus me voir. Le sort qui dorait déjà le fil de mes jours, coupa impitoyablement celui des siens. Une main étrangère lui ferma les yeux, tandis que je gagnais ma première épaulette à la bataille d'Iéna.

"Lieutenant à Eylau , capitaine à Wagram, et là décoré de la main de l'Empereur sur le champ de bataille, major devant Almieda , lieutenant-colonel à Badajoz, colonel à Moscou, j'ai bu à fond la coupe de la victoire. Mais je J'ai aussi goûté au calice de l'adversité. Les plaines gelées de Russie me voyaient seul avec un peloton de braves, dernier reste de mon régiment, obligé de dévorer la dépouille mortelle de cet ami fidèle qui m'avait si souvent transporté au cœur même de l'adversité. Compagnon fidèle et affectueux de mes dangers, rendu inutile par un accident de Smolensk, il consacra sa crinière *à* la sûreté de son maître, et fit de sa peau une protection pour mes pieds gelés et lacérés.

"Ma langue refuse de répéter l'histoire de nos périls dans cette terrible campagne. Peut-être qu'un jour je l'écrirai avec une plume trempée dans les larmes, les larmes, hommage de la faible humanité. Surpris par la saison des gelées dans une zone de glace, sans feu, sans pain, sans chaussures, sans moyens de transport, privés du secours de l' art d' Esculape , harcelés par les cosaques, pillés par les paysans, vampires positifs, nous voyions nos tonnerres muets tombés aux mains de l'ennemi roter. " La mort sur nous. Que puis-je vous dire de plus ? Le passage de la Bérésina , l'opposition à Wilna... Oh, vous, dieux du Tonnerre ! " Mais je sens que la douleur m'envahit, et que mon langage se teinte de l'amertume. de ces souvenirs.

" La nature et l'amour me réservaient de brèves mais précieuses consolations. Libéré de mes fatigues, je passai quelques jours heureux dans ma terre natale parmi les paisibles vallons de Nancy. Pendant que nos phalanges se préparaient à de nouveaux combats, tandis que j'étais rassemblant autour de mon drapeau trois mille jeunes mais valeureux guerriers, tous résolus à ouvrir à la postérité le chemin de l'honneur, une émotion nouvelle, à laquelle j'étais auparavant étranger, se glissa furtivement dans mon âme.

« Embellie de tous les dons de la nature, enrichie des fruits d'une excellente éducation, la jeune et intéressante Clémentine était à peine passée des ombres incertaines de l'enfance aux douces illusions de la jeunesse. Dix-huit sources composaient sa vie. Ses parents s'étendirent jusqu'à quelques-uns des aux officiers de l'armée une hospitalité qui, bien qu'elle ne fût pas gratuite, était loin de manquer de cordialité. Voir leur enfant et l'aimer, fut pour moi l'affaire d'un jour. Son cœur vierge souriait à mon amour. Aux premiers aveux dictés à par ma passion, je vis son front se colorer d'une belle pudeur. Nous échangâmes nos vœux un beau soir de juin, sous une tonnelle où son heureux père distribuait parfois aux officiers assoiffés la liqueur brune du Nord. J'ai juré qu'elle le ferait. être ma femme, et elle a promis d'être mienne ; elle a cédé encore davantage. Notre bonheur, malgré tout le dehors, avait le calme d'un ruisseau dont la vague pure n'est jamais troublée par la tempête, et qui roule doucement entre les berges fleuries, étalant son sa propre fraîcheur à travers le bosquet qui protège son modeste parcours.

" Un coup de foudre nous sépara l'un de l'autre au moment où la Loi et la Religion allaient ajouter leur sanction à notre douce communion. Je partis avant de pouvoir donner mon nom à celle qui m'avait donné son cœur. Je promis de revenir ; elle me promit de m'attendre, et, tout baigné de ses larmes, je m'arrachai de ses bras, pour courir vers les lauriers de Dresde et les cyprès de Leipzig ... Quelques lignes de sa main me parvinrent dans l'intervalle des deux batailles. "Tu vas être père", m'a-t-elle dit. En suis-je un ? Dieu sait ! M'a-t-elle attendu ? Je crois qu'elle l'a fait. L'attente a dû paraître longue depuis la naissance de cet enfant, qui a aujourd'hui quarante-six ans, et qui pourrait être, à son tour, mon père.

" Pardonnez-moi de vous avoir si longtemps troublé de malheurs. J'ai voulu passer rapidement sur cette triste histoire, mais le malheur de la vertu a quelque chose de doux pour tempérer l'amertume de la douleur.

« Quelques jours après le désastre de Leipzic , le géant de notre siècle me fit appeler dans sa tente et me dit :

« « Colonel, êtes-vous un homme pour vous frayer un chemin à travers quatre armées ?

"'Oui, Monsieur.'

« « Seul et sans escorte ? »

"'Oui, Monsieur.'

"'Il doit y avoir une lettre apportée à Dantzic .'

"'Oui, Monsieur.'

« « Vous le remettrez entre les mains du général Rapp ? »

"'Oui, Monsieur.'

"'Il est probable que vous serez pris ou tué.'

"'Oui, Monsieur.'

" " C'est pourquoi j'envoie deux autres officiers avec des copies de la même dépêche . Vous êtes trois ; l'ennemi en tuera deux, le troisième y arrivera et la France sera sauvée. "

"'Oui, Monsieur.'

« Celui qui reviendra sera un général de brigade. »

"'Oui, Monsieur.'

" Chaque détail de cet entretien, chaque parole de l' Empereur , chaque réponse que j'ai eu l'honneur de lui adresser, sont encore gravés dans ma mémoire. Nous partîmes tous les trois séparément. Hélas ! aucun de nous n'atteignit le but visé. par sa vaillance, et j'apprends aujourd'hui que la France n'a pas été sauvée. Mais quand je vois ces imbéciles d'historiens affirmer que l' Empereur a oublié d'envoyer des ordres au général Rapp, j'éprouve une terrible démangeaison de couper court à leur... histoire. , au moins.

"'Quand j'étais prisonnier aux mains des Russes dans un village allemand, j'avais la consolation de retrouver un vieux philosophe, qui me donnait les plus rares preuves d'amitié. Qui me l'aurait dit, quand je succombais à l'engourdissement du froid dans la tour de Liebenfeld , que ce sommeil ne serait pas le dernier ? Dieu m'est témoin qu'en adressant alors, du fond du cœur, un dernier adieu à Clémentine, je n'espérais même pas la revoir. Je le ferai. à bientôt donc, ô douce et confiante Clémentine, la meilleure des épouses et probablement des mères ! Que dis-je ? Je la vois maintenant ! Mes yeux ne me trompent pas ! C'est sûrement elle ! La voilà, juste en la quittant

! Clémentine ! Dans mes bras ! Sur mon cœur ! Regardez ! Qu'est-ce que vous me pleurnichez, vous autres ? Napoléon n'est pas mort, et le monde n'a pas vieilli de quarante-six ans, car Clémentine est toujours la même !

La fiancée de Léon Renault s'apprêtait à entrer dans la chambre et s'arrêta pétrifiée de se voir si chaleureusement accueillie par le Colonel.

CHAPITRE XIV.

LE JEU DE L'AMOUR ET DE LA GUERRE.

Comme elle tardait évidemment à tomber dans ses bras, Fougas imita Mahomet et courut vers la montagne.

"Oh, Clémentine !" dit-il en la couvrant de baisers, les destins amis vous rendent à mon dévouement. J'embrasse encore une fois la compagne de ma vie et la mère de mon enfant !

La jeune dame fut si stupéfaite qu'elle ne songea même pas à se défendre. Heureusement, Léon Renault l'arracha des mains du colonel et se plaça entre eux, déterminé à défendre les siens.

« Monsieur, s'écria-t-il en serrant les poings, vous vous trompez entièrement si vous croyez connaître *Mademoiselle . Ce n'est pas une personne de votre temps, mais du nôtre ; elle n'est pas votre fiancée , mais la mienne ; elle n'a jamais été une personne* de votre temps , mais du nôtre ; la mère de ton enfant, et j'espère qu'elle sera la mère du mien !"

Fougas était de fer. Il saisit son rival par le bras, le fit tourner comme une toupie et se mit face à face avec la jeune fille.

"Es-tu Clémentine ?" lui a-t-il demandé.

"Oui, Monsieur."

"Je vous prends tous à témoin qu'elle est ma Clémentine !"

Léon revint à la charge, et saisit le colonel par le collet, au risque de se précipiter contre les murs.

"On a assez plaisanté !" a-t-il dit. " Peut-être n'avez-vous pas la prétention d'accaparer toutes les Clémentines du monde ? Mademoiselle s'appelle Clémentine Sambucco ; elle est née à la Martinique, où vous n'avez jamais mis les pieds, si j'en crois ce que vous dites depuis une heure. Elle est dix-huit ans--"

"L'autre aussi!"

" Eh ! L'autre a aujourd'hui soixante-quatre ans, puisqu'elle en avait dix-huit en 1813. Mlle Sambucco est d'une famille honorable et connue. Son père, M. Sambucco , était magistrat ; son grand-père était fonctionnaire de le département de la guerre. Vous voyez, elle n'a aucun rapport avec vous, de près ou de loin, et le bon sens et la politesse, sans parler de la gratitude, vous font un devoir de la laisser en paix.

Il poussa à son tour le colonel et le fit basculer entre les bras d'un canapé.

Fougas bondit comme s'il avait été jeté sur un million de ressorts. Mais Clémentine l'arrêta, d'un geste et d'un sourire.

« Monsieur, dit-elle de sa voix la plus caressante, ne vous fâchez pas contre lui ; il m'aime.

"Raison de plus pour que je le fasse ! Damnation !"

Il se calma néanmoins, fit asseoir la jeune dame à côté de lui et la regarda de la tête aux pieds avec l'attention la plus absorbée.

"C'est sûrement elle", dit-il. « Ma mémoire, mes yeux, mon cœur, tout en moi la reconnaît et me dit que c'est elle. Et pourtant le témoignage des hommes, le calcul des temps et des distances, en un mot l'âme même de l'évidence, semble de m'être fait un devoir particulier de me convaincre d'erreur.

" Est-il donc possible que deux femmes se ressemblent à ce point ? Suis-je victime d'une illusion des sens ? N'ai-je repris la vie que pour perdre la raison ? Non ; je me connais , je me retrouve le même ; mon jugement est ferme et précis, et peut se frayer un chemin dans ce monde si nouveau et à l'envers. C'est sur un seul point que ma raison hésite... Clémentine !... Il me semble te revoir, et tu n'es pas toi ! Eh bien, qu'est-ce que c'est ? Quelle différence, après tout ? Si le Destin qui m'a arraché au tombeau a pris soin de présenter à mes sens éveillés l'image de celle que j'aimais, c'est qu'il avait résolu de me rendre, l'un après l'autre, tous les bienfaits. que j'avais perdu. Dans quelques jours, mes épaulettes ; demain, le drapeau du 23e de ligne ; aujourd'hui cette présence adorable qui a fait battre mon cœur pour la première fois ! Image vivante de tout ce qu'il y a de plus doux et de plus doux. le plus clair du passé, je me jette à tes pieds ! Sois ma femme !"

Le diable d'un bonhomme joignit l'acte à la parole, et les témoins de la scène inattendue ouvrirent grand les yeux. Mais la tante de Clémentine, l'austère Mlle. Sambucco , pensait qu'il était temps de montrer son autorité. Elle étendit ses grandes mains ridées, saisit Fougas , le releva brusquement et cria de sa voix la plus aiguë :

" Assez, monsieur, il est temps d'en finir avec cette farce scandaleuse ! Ma nièce n'est pas pour vous ; je lui ai promis et je l'ai donnée. Sachez que, après-demain, le 19 de ce mois, à dix heures. heures du matin, elle épousera M. Léon Renault, votre bienfaiteur !

" Et je l'interdis... vous entendez, Madame Tante ? Et si elle fait semblant d'épouser ce garçon... "

"Que ferez-vous?"

"Je vais la maudir !"

Léon ne put s'empêcher de rire. La malédiction de ce colonel de vingt-cinq ans paraissait plutôt plus comique que terrible. Mais Clémentine pâlit, fondit en larmes et tomba à son tour aux pieds de Fougas .

« Monsieur, s'écria-t-elle en lui baisant les mains, n'accablez pas une pauvre fille qui vous vénère, qui vous aime, qui sacrifiera son bonheur si vous l'exigez ! Par toutes les marques de tendresse que je vous prodigue depuis un moment. mois, par les larmes que j'ai versées sur votre cercueil, par le zèle respectueux avec lequel j'ai pressé votre réanimation, je vous conjure de pardonner nos offenses. Je n'épouserai pas Léon si vous me l'interdisez ; je ferai tout pour vous plaire. Je vous obéirai en tout ; mais, pour l'amour de Dieu, ne déversez pas sur moi vos malédictions ! »

" Embrasse-moi ", dit Fougas . "Vous cédez, je pardonne."

Clémentine se releva, toute rayonnante de joie, et releva son beau front. La stupéfaction des spectateurs, surtout des plus intéressés, peut être mieux imaginée que décrite. Une vieille maman qui dicte les lois, rompt les mariages et impose ses désirs à toute la maison ! La jolie petite Clémentine, si raisonnable, si obéissante, si heureuse à l'idée d'épouser Léon Renault, sacrifiant tout à coup ses affections, son bonheur et presque son devoir, au caprice d'un intrus. M. Nibor déclara que c'était de la folie. Quant à Léon, il se serait cogné la tête contre tous les murs, si sa mère ne l'avait retenu.

« Ah ! mon pauvre enfant ! dit-elle, pourquoi as-tu ramené cette chose de Berlin ?

"C'est de ma faute!" s'écria le vieux monsieur Renault.

"Non", interrompit le Dr Martout , "c'est à moi."

Les membres du comité parisien discutèrent avec M. Rollon du nouvel aspect de l'affaire. " Avait-on ressuscité un fou ? La revivification avait-elle produit quelque désordre du système nerveux ? L'abus de vin et d'autres boissons pendant le premier repas avait-il provoqué un délire ? Quelle intéressante autopsie ce serait, s'ils pouvaient disséquer M. Fougas à la prochaine réunion ordinaire ! »

"Vous feriez très bien jusqu'où vous iriez, messieurs", dit le colonel du 23e. " L'autopsie expliquerait peut-être le délire de notre malheureux ami, mais elle ne rendrait pas compte de l'impression produite sur la jeune dame. Est-ce de la fascination, du magnétisme ou quoi ? "

Pendant que les amis et les parents pleuraient, se conseillaient et bourdonnaient autour de lui, Fougas , serein et souriant, se regardait dans les yeux de Clémentine, tandis qu'eux aussi le regardaient avec tendresse.

"Il faut mettre un terme à cela !" s'écria Mlle. Sambucco le sévère. "Viens, Clémentine !"

Fougas parut surpris.

"Alors elle ne vit pas ici ?"

"Non, monsieur; elle vit avec moi."

"Alors je vais l'accompagner chez elle. Angel ! veux-tu prendre mon bras ?"

"Oh oui, Monsieur, avec grand plaisir !"

Léon grinça des dents.

"C'est admirable ! Il présume d'une telle familiarité, et elle prend tout cela comme une évidence !"

Il alla chercher son chapeau, dans le but au moins de rentrer chez la tante, mais son chapeau n'était pas à sa place ; Fougas , qui n'en avait pas encore, s'en était servi sans cérémonie. Le pauvre amant enfonça sa tête dans une casquette, et suivit Fougas et Clémentine, avec la respectable Virginie, dont le bras coupait comme une faux.

Par un accident qui arrivait presque quotidiennement, le colonel des cuirassiers rencontra Clémentine en rentrant chez lui. La jeune femme attira sur lui l'attention de Fougas .

"C'est M. du Marnet ", dit-elle. "Son restaurant est au bout de notre rue et sa chambre au bord du parc. Je pense qu'il est très épris de mon petit moi, mais il ne m'a même jamais salué. Le seul homme pour qui mon cœur a jamais battu est Léon Renault."

"Ah, en effet ! Et moi ?" dit Fougas .

"Oh ! toi, c'est une autre affaire. Je te respecte et je te respecte. Il me semble que tu es un bon et respectable parent."

"Merci!"

"Je vous dis la vérité, autant que je peux la lire dans mon cœur. Tout cela n'est pas très clair, je l'avoue, mais je ne me comprends pas."

"Fleur azurée de l'innocence, j'adore ta douce perplexité ! Laisse l'amour se soigner, il te parlera d'un ton de maître."

" Je n'en sais rien, c'est possible ! Nous voici chez nous. Bonsoir, Monsieur ; embrassez- moi. — Bonne nuit, Léon ; ne vous disputez pas avec M. Fougas . Je l'aime de tout mon cœur, mais je t'aime d'une manière différente !"

La tante Virginie n'a pas répondu au "Bonsoir" de Fougas . Lorsque les deux hommes furent seuls dans la rue, Léon marcha sans dire un mot jusqu'au lampadaire suivant. Là, se plantant résolument en face du colonel, il dit :

"Eh bien, monsieur, maintenant que nous sommes seuls, il vaudrait mieux avoir une explication. Je ne sais par quel philtre ou par quelle incantation vous avez obtenu une influence si prodigieuse sur ma fiancée; mais je sais que je l'aime, que j'ai été aimée d'elle depuis plus de quatre ans, et que je ne reculerai devant aucun moyen pour la retenir et la protéger.

"Ami," répondit Fougas , "vous pouvez me braver impunément; mon bras est enchaîné par la gratitude. Il ne sera jamais écrit dans l'histoire que Pierre Fougas ait été un ingrat!"

« Aurait-il été plus ingrat de votre part de me trancher la gorge que de me voler ma femme ?

"Oh, ma bienfaitrice ! Apprenez à comprendre et à pardonner ! A Dieu ne plaise que j'épouse Clémentine malgré vous, malgré elle. C'est par son consentement et le vôtre que j'espère la conquérir. Sachez qu'elle a été chère. pour moi, non pas pour quatre ans, comme pour vous, mais pour près d'un demi-siècle. Réfléchissez que je suis seul sur la terre, et que son doux visage est ma seule consolation. Veux-tu, qui m'as donné la vie, empêcher que je la dépense. heureusement ? Ne m'avez-vous rappelé au monde que pour me livrer au désespoir ? — Tigre ! Reprenez donc la vie que vous m'avez donnée, si vous ne me permettez pas de la consacrer à l'adorable Clémentine !

" Sur mon âme, mon cher, vous êtes superbe ! L'habitude de la victoire a dû vous avoir totalement tordu l'esprit. Mon chapeau est sur votre tête : — gardez-le ; jusqu'ici tout va bien. Mais parce que ma fiancée vous rappelle vaguement une fille à Nancy, dois-je vous la livrer ? Je ne le vois pas !

" Mon ami, je te rendrai ton chapeau dès que tu m'en auras acheté un autre ; mais ne me demande pas d'abandonner Clémentine. D'abord, sais-tu qu'elle me rejettera ? "

"Je suis sur et certain."

"Elle m'aime."

"Tu es fou!"

"Vous l'avez vue à mes pieds."

"Et alors ? C'était par peur, par respect, par superstition, à cause de tout ce que vous choisissez au nom du diable pour appeler cela ; mais ce n'était pas par amour."

"Nous verrons cela assez clairement, après six mois de vie conjugale."

" Mais, s'écria Léon Renault, avez-vous le droit de disposer de vous-même ?
Il y a une autre Clémentine, la vraie ; elle a tout sacrifié pour vous ; vous êtes
fiancé en honneur avec elle. Le colonel Fougas est- il sourd au voix
d'honneur ?"

"Vous vous moquez de moi ? Quoi ! J'épouse une femme de soixante-quatre
ans ?"

"Vous devriez le faire ; sinon pour elle, du moins pour celui de votre enfant."

"Mon enfant est un assez grand garçon. Il a quarante-six ans ; il n'a plus
besoin de mes soins."

"Mais il a besoin de ton nom."

"Je vais l'adopter."

" La loi s'y oppose. Vous n'avez pas cinquante ans, et il n'a pas quinze ans de
moins que vous ; bien au contraire ! "

"Très bien, je vais le légitimer en épousant la jeune Clémentine."

"Comment pouvez-vous attendre d'elle qu'elle reconnaisse un enfant deux
fois plus âgé qu'elle ?"

" Mais alors je ne peux pas mieux le reconnaître ; donc je n'ai pas besoin
d'épouser la vieille femme. D'ailleurs, je serais excessivement accommodant
de me casser la tête pour un enfant qui est très probablement mort. Que dis-
je ? Il est possible qu'il n'ait jamais vu la lumière. J'aime et je suis aimé – cela
est substantiel et certain ; et vous serez mon garçon d'honneur.

"Pas encore longtemps. Mlle Sambucco est mineure et son tuteur est mon
père."

" Votre père est un homme honorable ; et il n'aura pas la bassesse de me la
refuser. "

"Au moins, il vous demandera si vous avez une position, un rang, une fortune
à offrir à sa pupille."

"Ma position ? colonel ; mon grade ? colonel ; ma fortune ? la solde d'un
colonel. Et les millions à Dantzic ... Je ne dois pas les oublier ! Nous voici
chez nous ; laissez-moi avoir le testament de ce bon vieux monsieur. qui
portait la perruque lilas. Donnez-moi aussi quelques livres d'histoire, une
grosse pile, tous qui ont quelque chose à dire sur Napoléon.

Le jeune Renault obéit tristement au maître qu'il s'était donné. Il conduisit
Fougas dans une belle chambre, lui apporta le testament de Herr Meiser et
toute une étagère de livres, et dit bonne nuit à son ennemi mortel. Le colonel
l'embrassa impétueusement et lui dit :

"Je n'oublierai jamais que je te dois la vie et Clémentine. Adieu à demain, noble et généreuse enfant de ma patrie ! adieu !"

Léon retourna au rez-de-chaussée, passa devant la salle à manger où Gothon essuyait les verres et mettait de l'ordre dans l'argenterie, et rejoignit son père et sa mère qui l'attendaient dans le salon. Les invités étaient partis, les bougies éteintes. Une seule lampe éclairait la solitude. Les deux mandarins de l'étagère étaient immobiles dans leur coin obscur et semblaient méditer gravement sur les caprices de la fortune.

"Bien?" demanda Mme. Renault.

"Je l'ai laissé dans sa chambre, plus fou et plus obstiné que jamais. Mais j'ai une idée."

" Tant mieux, dit le père, car nous n'en avons plus. La tristesse nous a rendus stupides. Mais surtout, pas de querelles. Ces soldats de l'empire étaient autrefois de terribles épéistes. "

" Oh ! je n'ai pas peur de lui ! C'est Clémentine qui m'inquiète. Avec quelle douceur et quelle soumission elle écoutait ce maudit bavard ! "

"Le cœur de la femme est un abîme insondable. Eh bien, que penses-tu faire ?"

Léon a développé en détail le projet qu'il avait conçu dans la rue, lors de sa conversation avec Fougas .

« Le plus urgent, dit-il, est de soustraire Clémentine à cette influence. Si nous parvenions à l'écarter demain, la raison reprendrait son empire, et nous nous marierions après-demain. Cela étant fait, je répondrai du reste. »

"Mais comment se débarrasser d'un tel fou ?"

" Je ne vois qu'un moyen, mais il est presque infaillible : exciter sa passion dominante. Ces gars-là s'imaginent parfois qu'ils sont amoureux, mais, au fond, ils n'aiment que la poudre. Il s'agit de rejeter Fougas dans le courant des idées militaires. Son petit déjeuner de demain avec le colonel du 23 sera une bonne préparation. Je lui ai fait comprendre aujourd'hui qu'il devait avant tout récupérer son grade et ses épaulettes, et il s'est fait inoculer Il ira donc à Paris. Peut-être y trouvera-t-il des culottes de cuir de sa connaissance. En tout cas, il rentrera dans le service. Les occupations liées à sa position seront une puissante diversion ; il Je ne rêverai plus de Clémentine, que j'aurai solidement fixée. Il faudra lui fournir de quoi courir partout dans le monde ; mais tous les sacrifices d'argent ne sont rien en comparaison du bonheur que je veux sauver.

Madame Renault, qui était une femme économe, reprochait un peu la générosité de son fils.

« Le colonel est un ingrat, dit-elle. "Nous en avons déjà trop fait pour lui redonner la vie. Laissons-le prendre soin de lui maintenant !"

"Non", dit le père; "Nous n'avons pas le droit de l'envoyer les mains vides. La décence nous interdit."

Cette délibération, qui avait duré une bonne heure et quart, fut interrompue par un formidable vacarme. On aurait dit que la maison s'écroulait.

« Le revoilà ! » s'écria Léon. « Sans doute un nouveau paroxysme de folie délirante !

Il courut, suivi de ses parents, et monta les marches quatre à quatre. Une bougie brûlait sur le rebord de la porte de la chambre. Léon le prit et poussa la porte entr'ouverte.

Faut-il l'avouer ? L'espoir et la joie lui parlaient plus fort que la peur. Il se croyait déjà débarrassé du colonel. Mais le spectacle qui s'offrait à ses yeux détourna tout à coup le cours de ses idées, et l'amant inconsolable se mit à rire comme un imbécile. Un bruit de coups de pied, de coups et de gifles ; un groupe indéfini se roulant sur le sol dans les convulsions d'une lutte désespérée : c'était tout ce qu'il pouvait voir et comprendre au premier coup d'œil. Bientôt Fougas , éclairé par la lueur rougeoyante de la bougie, s'aperçut qu'il se débattait avec Gothon , comme Jacob avec l'ange, et retourna se coucher, confus et pitoyable.

Le Colonel s'était endormi sur l'histoire de Napoléon, sans éteindre la bougie. Gothon , après avoir terminé son travail, aperçut la lumière sous la porte. Sa pensée revenait à ce pauvre Baptiste, qui gémissait peut-être au purgatoire de s'être laissé tomber d'un toit. Espérant que Fougas pourrait lui donner des nouvelles de son amant, elle frappa plusieurs fois, d'abord doucement, puis beaucoup plus fort. Le silence du colonel et la bougie allumée firent croire au domestique que quelque chose n'allait pas. Le feu pourrait prendre les rideaux, et de là tout le bâtiment. Elle posa donc la bougie, ouvrit la porte et alla, à pas de chat, éteindre la lumière. Peut-être les yeux du dormeur percevaient-ils vaguement le passage d'une ombre ; peut-être que Gothon , avec sa grande silhouette maladroite, a fait grincer une planche dans le sol. Fougas s'éveilla à demi, entendit le bruissement d'une robe, rêva une de ces aventures qui pimentaient la vie des garnisons sous le premier empire, et tendit aveuglément les bras en appelant Clémentine. Gothon , en se voyant saisi par les cheveux et les épaules, répondit par un coup si masculin, que l'ennemi se crut attaqué par un homme. Le coup fut rendu avec intérêt ; d'autres échanges suivirent, et ils finirent par s'accroupir et rouler sur le sol.

Si quelqu'un a jamais eu honte, c'est bien Fougas . Gothon se coucha, considérablement meurtri ; la famille Renault a raisonné le colonel et a obtenu de lui à peu près ce qu'elle voulait. Il promit de partir le lendemain, accepta comme prêt l'argent qu'on lui offrait, et jura de ne revenir qu'après avoir récupéré ses épaulettes et obtenu le legs Dantzic .

« Et puis, dit-il, j'épouserai Clémentine.

Sur ce point, il était inutile de discuter avec lui ; l'idée était fixée.

Tout le monde dormait profondément dans la maison des Renault ; les chefs de maison, parce qu'ils avaient passé trois nuits blanches ; Fougas et Gothon , parce que chacun avait été frappé sans pitié ; et le jeune Célestin, parce qu'il avait bu les coups de talon dans tous les verres.

Le lendemain matin, M. Rollon vint savoir si Fougas était en état de déjeuner avec lui ; il avait un peu peur de le retrouver sous une douche. Loin de là! Le fou d'hier était calme comme un tableau et frais comme un bouton de rose. Il se rasa avec les rasoirs de Léon, en fredonnant un air de Nicolo. Avec ses hôtes, il était charmant et il promit de régler une pension à Gothon grâce à l'héritage de Herr Meiser.

Dès qu'il fut parti pour le petit déjeuner, Léon courut chez sa chérie.

"Tout va mieux", dit-il. " Le colonel est beaucoup plus raisonnable. Il a promis de partir pour Paris aujourd'hui même ; afin que nous puissions nous marier demain. "

Mlle. Virginie Sambucco a hautement loué ce projet, non seulement parce qu'elle avait fait de grands préparatifs pour le mariage, mais parce que le report du mariage ferait parler de lui. Les cartes étaient déjà sorties, le maire l'a prévenu, et la chapelle de la Vierge, dans l'église paroissiale, s'est occupée. Révoquer tout cela au gré d'un fantôme et d'un imbécile, ce serait pécher contre la coutume, le bon sens et le Ciel lui-même.

Clémentine n'a répondu qu'en pleurant. Elle ne pouvait être heureuse sans épouser Léon, mais elle préférait mourir, disait-elle, plutôt que de donner la main sans l'approbation de M. Fougas . Elle promit de le supplier, à genoux s'il le fallait, et de lui arracher son consentement.

"Mais s'il refuse ? Et il est trop probable qu'il le fasse !"

"Je le supplierai encore et encore, jusqu'à ce qu'il dise oui."

Tout le monde conspirait pour la convaincre qu'elle n'était pas raisonnable : sa tante, Léon, M. et Mme. Renault, M. Martout , M. Bonnivet , et tous les amis des deux familles. Enfin elle céda, mais, presque au même instant, la porte s'ouvrit brusquement, et M. Audret se précipita dans le salon en criant :

— Eh bien ! voici *une* nouvelle ! Le colonel Fougas va demain combattre M. du Marnet .

La jeune fille tomba, stupéfaite, dans les bras de Léon Renault.

"Dieu me punit !" s'écria-t-elle ; " et le châtiment de mon impiété ne tarde pas. Me forcerez-vous encore à vous obéir ? Serai-je traîné à l'autel, malgré moi, à l'heure même où il risque sa vie ? "

Personne n'osait insister davantage en la voyant dans un état si pitoyable. Mais Léon pria sincèrement pour que la victoire soit du côté du colonel des cuirassiers. Il avait tort, je l'avoue ; mais quel amant aurait été assez innocent pour lui jeter la première pierre ?

Et voici le récit de la façon dont le précieux Fougas avait passé sa journée.

A dix heures du matin, les deux plus jeunes capitaines du 23 vinrent le conduire en bonne et due forme à la résidence du colonel. M. Rollon occupait un petit palais de l'époque impériale. Une tablette de marbre, insérée au - dessus de la porte cochère , portait encore les mots *Ministère des Finances* , souvenir du temps glorieux où la cour de Napoléon suivait son maître à Fontainebleau.

Le colonel Rollon, le lieutenant-colonel, le major en chef, les trois majors de bataillon, le chirurgien-major et une dizaine ou une douzaine d'officiers étaient dehors, attendant l'arrivée de l'illustre hôte de l'autre monde. Le drapeau était placé au milieu de la cour, sous la garde de l'enseigne et d'un peloton de sous-officiers choisis pour l'honneur. La musique du régiment, à l'entrée du jardin, remplissait le fond du tableau. Huit panoplies d'armes, improvisées le matin même par les armuriers du corps, embellissaient les murs et les grilles. Une compagnie de grenadiers, les armes au repos, était présente.

A l'entrée de Fougas , la fanfare joua le fameux *Partant pour la Syrie ;* les grenadiers présentèrent les armes ; les tambours battent un salut ; les sous-officiers et les soldats crièrent : « *Vive le colonel Fougas !* » les officiers, en bloc, s'approchèrent du patriarche de leur régiment. Tout cela n'était ni régulier ni discipliné, mais on peut bien laisser un peu de latitude à ces valeureux soldats pour retrouver leur ancêtre. Pour eux, cela semblait une petite débauche de gloire.

Le héros de la *fête* serra les mains du colonel et des officiers avec autant d'émotion que s'il avait retrouvé ses anciens camarades. Il salua cordialement les sous-officiers et les soldats, s'approcha du drapeau, plia un genou à terre, se releva haut, saisit le bâton, se tourna vers la foule attentive et dit :

"Mes amis, à l'ombre du drapeau, un soldat de France, après quarante-six ans d'exil, retrouve aujourd'hui sa famille. Tout honneur à toi, symbole de notre patrie, ancien partenaire de nos victoires et héroïque soutien dans nos malheurs ! Ton aigle radieux a plané sur l'Europe prostrée et tremblante. Ton aigle meurtri s'est de nouveau précipité avec obstination contre le malheur et a terrifié les fils du pouvoir. Honneur à toi, toi qui nous as conduits à la gloire et qui nous as fortifiés contre le Clameur du désespoir ! Je t'ai vu toujours au premier rang dans les dangers les plus féroces, fier drapeau de ma patrie ! Les hommes sont tombés autour de toi comme le grain devant la moissonneuse ; tandis que toi seul as montré à l'ennemi ton front inflexible et superbe. Balles et canons Les coups de feu t'ont déchiré de blessures, mais jamais l'audacieux étranger n'a posé la main sur toi. Puisse l'avenir orner ton front de nouveaux lauriers ! Puisses- tu conquérir de nouveaux et vastes royaumes, qu'aucune fatalité ne te ravira ! Le jour de grandes actions est né de nouveau ; crois un guerrier qui est sorti du tombeau pour te le dire. 'Avant!' Oui, je le jure par l'esprit de celui qui nous a conduits à Wagram. Il y aura de grands jours pour la France où tu abriteras de tes glorieux replis la fortune du brave 23d ! »

Une éloquence si martiale et si patriotique remua tous les cœurs. Fougas fut applaudi, fêté, embrassé et presque porté en triomphe dans la salle du banquet.

Assis à table en face de M. Rollon, comme s'il était un second maître de la maison, il déjeunait copieusement, causait beaucoup et buvait encore. Il se peut qu'on rencontre occasionnellement, dans le monde, des gens qui s'enivrent sans boire. Fougas était loin d'en faire partie. Il n'a jamais senti son équanimité sérieusement perturbée sans trois bouteilles. Souvent, en fait, il allait beaucoup plus loin sans céder.

Les toasts présentés au dessert se distinguaient par leur caractère et leur cordialité. Je voudrais les raconter dans l'ordre, mais je suis forcé d'admettre qu'ils prendraient trop de place, et que les derniers, qui furent les plus touchants, n'étaient pas d'une lucidité absolument voltairienne .

Ils se levèrent de table à deux heures et se rendirent en bloc au *Café Militaire* , où les officiers du 23 portèrent un coup de poing devant les deux colonels. Ils avaient invité, avec un sentiment de bienséance éminente, les officiers supérieurs du régiment des cuirassiers.

Fougas , qui était plus ivre, dans sa personne, que tout un bataillon de *Suisses* , distribua de nombreuses poignées de main. Mais à travers l'orage qui troublait son esprit, il reconnut la personne et le nom de M. du Marnet , et fit une grimace. Entre officiers, et surtout entre officiers des différentes armes du service, la politesse est un peu excessive, l'étiquette un peu sévère, *l'amour-propre* un peu susceptible. M. du Marnet , qui était par excellence un homme du monde, comprit tout de suite, à l'attitude de M. Fougas , qu'il n'était pas en présence d'un ami.

Le punch apparaissait, flamboyant, sortait avec toute sa force et se distribuait, à la grande louche, dans soixante verres. Fougas buvait avec tout le monde, sauf M. du Marnet . La conversation, irrégulière et bruyante, souleva imprudemment une question de mérite comparatif. Un officier de cuirassiers demanda à Fougas s'il avait vu la magnifique charge de Bordesoulle , qui jeta les Autrichiens dans la vallée de Plauen. Fougas avait connu personnellement le général Bordesoulle et avait vu de ses propres yeux la belle manœuvre de cavalerie lourde qui décida de la victoire de Dresde. Mais il choisit d'être désagréable avec M. du Marnet , en affectant un air d'ignorance ou d'indifférence.

« De notre temps, dit-il, la cavalerie était toujours mise en action après la bataille ; nous l'utilisions pour amener l'ennemi après l'avoir mis en déroute.

Ici un grand cri s'éleva, et le nom glorieux de Murat fut mis en balance.

"Oh, sans doute, sans aucun doute !" dit-il en secouant la tête. « Murat était un bon général dans son domaine limité ; il répondait parfaitement à tout ce qu'on voulait de lui. Mais si la cavalerie avait Murat, l'infanterie avait Napoléon.

M. du Marnet observa judicieusement que Napoléon, s'il fallait s'en emparer pour le compte d'une seule arme du service, appartiendrait à l'artillerie.

— De tout mon cœur, monsieur, répondit Fougas ; "l'artillerie et l'infanterie. Artillerie à distance, infanterie de près, cavalerie d'un côté."

— Encore une fois, je vous demande pardon, répondit M. du Marnet ; "vous voulez dire, sur les côtés, ce qui est une tout autre affaire."

"Sur les côtés, ou d'un côté, je m'en fiche ! Quant à moi, si j'étais commandant en chef, je mettrais la cavalerie de côté."

Plusieurs officiers de cavalerie s'étaient déjà jetés dans la discussion. M. du Marnet les retint et fit signe qu'il voulait répondre seul à Fougas .

"Et pourquoi donc, s'il vous plaît, mettriez-vous la cavalerie de côté ?"

"Parce que le dragon est un soldat incomplet."

"Incomplet?"

- Oui, monsieur, et la preuve en est qu'il faut que le gouvernement achète pour quatre ou cinq cents francs de cheval pour le compléter. Et quand le cheval reçoit une balle ou un coup de baïonnette, le dragon n'est plus bon pour n'importe quoi. Avez-vous déjà vu un cavalier à pied ? Ce serait un joli spectacle !

"Je me vois à pied tous les jours et je n'y vois rien de particulièrement ridicule."

"Je suis trop poli pour te contredire."

" Et pour moi, monsieur, je suis trop juste pour combattre un paradoxe par un autre. Que penseriez-vous de ma logique, si je vous disais (l'idée n'est pas de moi, je l'ai trouvée dans un livre), si je je vous dirais : « J'ai une haute estime pour l'infanterie, mais, après tout, le fantassin est un soldat incomplet, privé de son droit de naissance, un corps inefficace privé de ce complément naturel du soldat, appelé cheval ! admirez son courage, je vois qu'il se rend utile dans la bataille ; mais après tout, le pauvre diable n'a que deux pieds à sa disposition, tandis que nous en avons quatre ! Vous croyez bon de trouver ridicule un dragon à pied ; mais le fantassin fait-il toujours une apparition très brillante quand on lui met un cheval entre les jambes ? J'ai vu d'excellents capitaines d'infanterie cruellement embarrassés lorsque le ministre de la guerre les faisait majors. Ils » disaient en se grattant la tête : « Ce n'est pas fini quand on a monté une année ; il faut monter à cheval par-dessus le marché ! »

Cette plaisanterie grossière amusa un instant l'assistance. Ils riaient, et la moutarde montait de plus en plus haut dans le nez de Fougas .

« De mon temps, dit-il, un fantassin devenait dragon en vingt-quatre heures ; et si quelqu'un veut me battre à cheval, le sabre à la main, je lui montrerai ce que c'est que l'infanterie ! "

" Monsieur, " répondit froidement M. du Marnet , " j'espère que les occasions ne vous manqueront pas sur le champ de bataille. C'est là qu'un vrai soldat déploie ses talents et sa bravoure. Infanterie et cavalerie, nous appartenons également à la France. ... Je bois pour elle, Monsieur, et j'espère que vous ne refuserez pas de toucher des verres avec moi. — En France !

C'était certainement bien dit et bien réglé. Des cliquetis de verres applaudissaient M. du Marnet . Fougas lui-même s'approcha de son adversaire et but avec lui sans réserve. Mais il lui murmura à l'oreille, d'une voix très épaisse :

— J'espère, pour ma part, que vous ne refuserez pas le combat au sabre que j'ai eu l'honneur de vous proposer ?

— Comme il vous plaira, dit le colonel des cuirassiers.

Le monsieur de l'autre monde, plus ivre que jamais, sortit de la foule avec deux officiers qu'il avait ramassés au hasard. Il leur déclara qu'il se considérait comme insulté par M. du Marnet , qu'un défi avait été lancé et accepté, et que l'affaire marchait à merveille.

« D'autant plus, ajouta-t- il en confiance, qu'il y a une dame dans l'affaire ! Voilà mes conditions, elles sont toutes conformes à l'honneur de l'infanterie, de l'armée et de la France : nous combattrons à cheval, dévêtus jusqu'au bout. la taille, monté à cru sur deux étalons. L'arme, le sabre de cavalerie . Premier sang. Je veux châtier un chiot. Je suis loin de vouloir voler un soldat à la France.

Ces conditions furent déclarées absurdes par les témoins de M. du Marnet. Ils les acceptèrent néanmoins, car le code militaire impose d'affronter tous les dangers, aussi absurdes soient-ils.

Fougas consacra le reste de la journée à inquiéter les pauvres Renault. Fier du contrôle qu'il exerçait sur Clémentine, il déclara ses volontés ; jura qu'il la prendrait pour épouse dès qu'il aurait recouvré son rang, sa famille et sa fortune, et lui défendit de disposer d'elle-même avant cette date. Il rompit ouvertement avec Léon et ses parents, refusa d'accepter plus longtemps leurs bons offices et quitta leur maison après un passage sérieux de hautes paroles. Léon conclut en disant qu'il n'abandonnerait sa fiancée qu'avec la vie elle-même. Le colonel haussa les épaules et lui tourna le dos, emportant, sans réfléchir, les vêtements du père et le chapeau du fils. Il demanda cinq cents francs à M. Rollon, engagea une chambre à l' *hôtel du Cadron -bleu* , se coucha sans souper et dormit jusqu'à l'arrivée de ses seconds.

Il n'était pas nécessaire de lui raconter ce qui s'était passé la veille. Les brouillards de punch et de sommeil se dissipèrent en un instant. Il plongea sa tête et ses mains dans une bassine d'eau fraîche et dit :

" Tant pis pour mes toilettes ! Maintenant, *Vive l'Empereur !* Allons-y et mettons-nous "au rang !"

Le terrain choisi d'un commun accord était le terrain d'armes, plaine sablonneuse enfermée dans la forêt, à bonne distance de la ville. Tous les officiers de la garnison s'y rendirent d'eux-mêmes ; il n'aurait pas été nécessaire de les inviter. Plus d'un soldat s'y rendit secrètement et se logea dans un arbre. La *gendarmerie* elle-même a orné de sa présence la petite *fête de famille* . On allait voir une rencontre dans un tournoi chevaleresque, non seulement entre l'infanterie et la cavalerie, mais entre la vieille armée et la jeune. L'exposition a pleinement répondu aux attentes du public. Personne n'était tenté de siffler la pièce, et chacun en avait pour son argent.

A neuf heures précises, les combattants entrèrent en lice, accompagnés de leurs quatre seconds et de l'arbitre de terrain. Fougas , nu jusqu'à la taille, était beau comme un jeune dieu. Sa silhouette souple et agile, ses traits fiers et radieux, la grâce virile de ses mouvements lui assuraient un accueil flatteur. Il fit cabrioler son cheval anglais et salua les spectateurs de la pointe de son épée.

M. du Marnet , homme plutôt du type allemand, robuste, assez poilu, moulé comme le Bacchus indien et non comme Achille, montrait dans sa physionomie une légère nuance de dégoût. Il n'était pas nécessaire d'être magicien pour comprendre que ce duel *en naturalibus* , sous les yeux de ses propres officiers, lui paraissait inutile et même ridicule. Son cheval était un sang-mêlé du Perche, une bête vigoureuse et pleine de feu.

Fougas ont assez mal roulé. Ils partageaient leur attention entre le combat et leurs étriers. M. du Marnet avait choisi les deux meilleurs cavaliers de son régiment, un major et un capitaine. L'arbitre du terrain était le colonel Rollon, un excellent cavalier.

Au signal donné par le colonel Rollon, Fougas se dirigea directement vers son adversaire, présentant la pointe de son sabre en position « prime », comme un cavalier chargeant l'infanterie dans un carré creux. Mais il s'arrêtait à trois longueurs de M. du Marnet et décrivait autour de lui sept ou huit cercles rapides, comme un Arabe dans une pièce de théâtre. M. du Marnet, obligé de tourner au même endroit et de se défendre de tous côtés, éperonna son cheval, rompit le cercle, se dirigea vers le champ de bataille et menaça de recommencer la même manœuvre autour de Fougas . Mais le gentleman venu de l'autre monde ne l'a pas attendu. Il s'élança au grand galop et fit le tour de l'hippodrome, toujours suivi de M. du Marnet . Le cuirassier, plus lourd et monté sur un cheval plus lent, fut éloigné. Il se vengea en criant à Fougas :

" Oh, monsieur ! Je dois dire que cela ressemble plus à une course qu'à une bataille. J'aurais dû apporter une cravache au lieu d'une épée ! "

Mais Fougas , haletant et furieux, s'était déjà retourné contre lui.

"Attends là !" s'écria-t-il ; "Je vous ai montré le cavalier ; maintenant je vais vous montrer le soldat !"

Il lui lança un coup qui l'aurait transpercé comme un cerceau si M. du Marnet n'avait pas été aussi prompt qu'à la parade. Il rétorqua par un beau coup *en quarte* , assez puissant pour couper l'invincible Fougas en deux. Mais l'autre était plus agile qu'un singe. Il protégea entièrement son corps en se laissant glisser jusqu'au sol, puis remonta à cheval dans la même seconde.

"Mes compliments!" dit M. du Marnet . "Ils ne font pas mieux que ça au cirque."

"Ils ne le font pas plus à la guerre", répondit l'autre. " Ah, canaille ! alors tu injuries la vieille armée ? Voilà ! Miss ! Merci pour la réplique, mais ce n'est pas encore assez bon. Je ne mourrai pas d'un tel coup ! Qu'est-ce que tu aimes ça ? et ça ?-et ça ? Ah, vous prétendez que le fantassin est un homme incomplet ! Maintenant, nous allons rendre *votre* assortiment de membres un peu incomplet. Attention à votre botte ! Il l'a parée ! Peut-être qu'il s'attend à accordez-vous ce soir une petite promenade sous les fenêtres de Clémentine. Prenez garde ! Voilà pour Clémentine ! Et voilà pour l'infanterie ! Veux-tu parer ça ? Alors, traître ! Et ça ? Alors lui ! Peut-être les pareras-tu tous alors, par le Ciel ! Victoire ! Ah, Monsieur ! Votre sang coule ! Qu'ai-je fait ? Diable, prenez l'épée, le cheval et tout ! Major ! major ! venez vite ! Monsieur, laissez-vous reposer dans mes bras. Bête que je suis ! Comme si tous les soldats n'étaient pas frères ! Oh, pardonne-moi, mon ami ! Puissais-je racheter chaque goutte de ton sang avec tout le mien ! Misérable Fougas , incapable de maîtriser ses féroces passions ! Ah, toi Mars Esculapien , je t'en supplie, dis-moi que le fil de ses jours n'est pas à couper ! Je ne lui survivrai pas, car c'est un brave ! »

M. du Marnet avait reçu une magnifique coupure qui traversait le bras gauche et la poitrine, et le sang en coulait à faire frémir. Le chirurgien, qui s'était muni de préparations hémostatiques, s'empressa d'arrêter l'hémorragie. La blessure était longue plutôt que profonde et pouvait être guérie en quelques jours. Fougas lui-même porta son adversaire jusqu'à la voiture, mais cela ne le satisfit pas. Il insista fermement pour rejoindre les deux officiers qui reconduisirent M. du Marnet ; il accabla le blessé de ses protestations, et fut occupé pendant la majeure partie du trajet à lui jurer une amitié éternelle. En arrivant à la maison, il le mit au lit, l'embrassa, le baigna de larmes, et ne le quitta pas un instant jusqu'à ce qu'il l'entende ronfler.

Lorsque six heures sonnèrent, il alla dîner à l'hôtel, en compagnie de ses seconds et de l'arbitre, qu'il avait tous invités après le combat. Il les traita magnifiquement et s'enivra lui-même, comme d'habitude.

CHAPITRE XV.

DANS LEQUEL LE LECTEUR VERRA QU'IL N'EST PAS LOIN DE LA CAPITALE AU ROCHER TARPEIEN.

Le lendemain, après une visite à M. du Marnet , il écrivait ainsi à Clémentine :

> "Lumière de ma vie, je vais quitter ces scènes, témoins de mon courage fatal et dépositaires de mon amour. Au sein de la capitale, au pied du trône, je ferai d'abord mes pas. Si le Le successeur du Dieu des Combats n'est pas sourd à la voix du sang qui coule dans ses veines, il me rendra mon épée et mes épaulettes, afin que je les dépose à tes pieds. Sois-moi fidèle, attends, espère ! ces lignes seront pour toi un talisman contre les dangers qui menacent ton indépendance. Oh, ma Clémentine, garde-toi tendrement pour ton indépendance.

" VICTOR FOUGAS ! "

Clémentine ne lui répondit pas, mais, au moment où il montait dans le train, il fut abordé par un messager, qui lui remit un joli portefeuille en cuir rouge et s'enfuit de toutes ses forces. Le portefeuille était entièrement neuf, solide et soigneusement fermé. Il contenait douze cents francs en billets de banque, toutes les économies de la jeune fille. Fougas n'eut pas le temps de délibérer sur cette circonstance délicate. Il a été poussé dans un wagon, la locomotive a soufflé et le train a démarré.

Le colonel commença à revoir dans sa mémoire les différents événements qui s'étaient succédé dans sa vie pendant moins d'une semaine. Son arrestation parmi les gelées de la Vistule, sa condamnation à mort, son emprisonnement dans la forteresse de Liebenfeld , son réveil à Fontainebleau, l'invasion de 1814, le retour de l'île d'Elbe, les Cent Jours, la mort de l'empereur et le roi de Rome, la restauration des Bonaparte en 1852, sa rencontre avec une jeune fille qui était en tous points la contrepartie de Clémentine Pichon, le drapeau du 23, le duel avec le colonel des cuirassiers, tout cela, pour Fougas , n'avait pas pris plus de quatre jours. La nuit du 11 novembre 1813 au 17 août 1859 lui parut encore un peu plus courte que les autres ; car c'était la seule fois où il dormait complètement, sans rêver.

Un esprit moins actif et un cœur moins chaud auraient peut-être sombré dans une sorte de mélancolie. En effet, celui qui dort depuis quarante-six ans deviendrait naturellement quelque peu étranger à l'humanité en général, même dans son propre pays. Pas un parent, pas un ami, pas un visage familier, sur toute la face de la terre ! Ajoutez à cela une multitude de mots nouveaux, d'idées, de coutumes et d'inventions qui lui font éprouver le besoin d'un cicerone, et lui prouvent qu'il est un étranger. Mais Fougas , en rouvrant les yeux, suivant le précepte d'Horace, fut jeté au milieu de l'action. Il s'était improvisé des amis, des ennemis, une amoureuse et une rivale. Fontainebleau, sa deuxième ville natale, fut, provisoirement, le point central de son existence. Là, il se sentait aimé, haï, craint, admiré, en un mot connu. Il savait que dans cette sous-préfecture, son nom ne pouvait être prononcé sans éveiller un écho. Mais ce qui l'attachait plus que tout aux temps modernes, c'était sa relation bien établie avec la grande famille de l'armée. Partout où flotte un drapeau français, le soldat, jeune ou vieux, est chez lui. Autour de ce clocher d'église de la patrie, bien que cher et sacré d'une manière différente du clocher du village, la langue, les idées et les institutions changent peu. La mort des individus a peu d'effet ; ils sont remplacés par d'autres qui leur ressemblent et pensent, parlent et agissent de la même manière ; qui ne se contentent pas de revêtir l'uniforme de leurs prédécesseurs, mais héritent aussi de leurs souvenirs, de la gloire qu'ils ont acquise, de leurs traditions, de leurs plaisanteries et même de certaines intonations de leur voix. De là l'amitié soudaine de Fougas , après un premier sentiment de jalousie, pour le nouveau colonel du 23 ; et la sympathie soudaine qu'il témoigna pour M. du Marnet dès qu'il vit le sang couler de sa blessure. Les querelles entre militaires sont des querelles de famille, qui n'effacent jamais la relation.

Calmement convaincu de n'être pas seul au monde, M. Fougas prenait plaisir à tous les objets nouveaux que la civilisation mettait sous ses yeux. La vitesse des wagons l'enivrait assez. Il était inspiré d'un enthousiasme positif pour cette force de la vapeur, dont la théorie était pour lui un livre fermé, mais dont il méditait beaucoup sur les résultats.

« Avec mille machines comme celle-ci, deux mille canons rayés et deux cent mille types comme moi, Napoléon aurait conquis le monde en six semaines. Pourquoi ce jeune homme sur le trône n'utilise-t-il pas les ressources dont il dispose ? a sous son contrôle ? Peut-être qu'il n'y a pas pensé. Très bien, j'irai le voir. S'il a l'air d'un homme de capacité, je lui donnerai mon idée ; il me nommera ministre de la guerre. , et puis... En avant, marchez !"

Il lui avait expliqué l'usage des grands fils de fer qui couraient sur des poteaux tout le long de la route.

"C'est justement ça !" a-t-il dit. « Voici des aides de camp à la fois rapides et judicieux. Mettez-les tous entre les mains d'un chef d'état-major comme Berthier, et l'univers serait tenu en un fil par la seule volonté d'un homme !

Ses méditations étaient interrompues, à quelques kilomètres de Melun, par les sons d'une langue étrangère. Il dressa les oreilles, puis bondit de son coin comme s'il s'était assis sur un tas d'épines. Horreur! c'était anglais ! Un de ces monstres qui avaient assassiné Napoléon à Sainte-Hélène pour s'assurer le monopole du coton, était entré dans le compartiment avec une très jolie femme et deux adorables enfants.

"Chef d'orchestre, arrêtez !" s'écria Fougas en poussant son corps à moitié hors de la fenêtre.

« Monsieur, dit l'Anglais dans un bon français, je vous conseille d'être patient jusqu'à ce que nous arrivions à la prochaine gare. Le conducteur ne vous entend pas et vous risquez de tomber sur la voie. Si je peux ne vous sera d'aucune utilité, j'ai avec moi un flacon d'eau-de-vie et une pharmacie de bord.

- Non, monsieur, répondit Fougas du ton le plus hautain, je ne manque de rien, et j'aime mieux mourir que d'accepter quoi que ce soit d'un Anglais ! Si j'appelle le chef d'orchestre, c'est seulement parce que je veux monte dans une autre voiture et nettoie mes yeux de la vue d'un ennemi de l' empereur .

" Je vous assure, monsieur, " répondit l'Anglais, " que je ne suis pas un ennemi de l' empereur . J'ai eu l'honneur d'être reçu par lui pendant qu'il était à Londres. Il a même daigné passer quelques jours dans mon petit pays. - siège dans le Lancashire."

" Tant mieux pour vous, si ce jeune homme a la bonté d'oublier ce que vous avez fait contre sa famille ; mais Fougas ne vous pardonnera jamais vos crimes contre son pays. "

Dès leur arrivée à la gare de Melun, il ouvrit la porte et se précipita dans un autre salon. Là, il se trouva seul en présence de deux jeunes messieurs dont les physionomies étaient loin d'être anglaises et qui parlaient le français avec le plus pur accent tourangeau. Tous deux portaient des armoiries sur leurs anneaux de sceau, afin que personne ne puisse ignorer leur rang de nobles. Fougas était trop plébéien pour aimer beaucoup la noblesse ; mais comme il avait quitté un compartiment plein de Britanniques, il fut heureux de rencontrer quelques Français.

"Amis," dit-il en s'inclinant vers eux avec un sourire cordial, "nous sommes les enfants de la même mère. Longue vie à vous ! Votre apparence me ravive."

Les deux jeunes messieurs écarquillèrent les yeux, à moitié inclinés, et reprirent leur conversation, sans faire d'autre réponse à l'avancée de Fougas .

"Eh bien, mon cher Astophe , dit l'un, tu as vu le roi à Froshdorf ?"

" Oui, mon bon Americ ; et il m'a reçu avec la condescendance la plus touchante. " Vicomte, me dit-il, vous venez d'une maison bien connue pour sa fidélité. Nous nous souviendrons de vous lorsque Dieu nous remplacera sur le trône de nos ancêtres. Dites à notre vaillante noblesse de Touraine que nous espérons qu'on se souviendra d'eux dans leurs prières, et que nous ne les oublierons jamais dans les nôtres.

"Pitt et Cobourg !" dit Fougas entre ses dents. "Voici deux petits coquins qui conspirent avec l'armée de Condé ! Mais, patience !"

Il serra les poings et ouvrit les oreilles.

"N'a-t-il rien dit sur la politique ?"

"Quelques mots vagues. Entre nous, je ne crois pas qu'il s'en soucie beaucoup ; il attend les événements."

"Il n'attendra pas très longtemps."

"Qui peut le dire ?"

" Quoi ! Qui peut le dire ? L'empire n'est plus bon pendant six mois encore. Monseigneur de Montereau l'a encore dit lundi dernier à ma tante la chanoinesse. "

"Pour ma part, je leur donne un an, car leur campagne d'Italie les a renforcés auprès des ordres inférieurs. Mais je n'ai pas pris la peine de le dire au roi !"

" Bon sang ! messieurs, cela va un peu trop fort ! " interrompit Fougas . " Est-ce ici en France que les Français parlent ainsi des institutions françaises ? Retournez chez votre maître ; dites-lui que l'empire est éternel, parce qu'il est fondé sur le granit de l'appui populaire et cimenté par le sang des héros. Et si le Le roi vous demande qui vous a dit cela, dites-lui que c'est le colonel Fougas , qui a été décoré à Wagram de la main même de l'Empereur !

Les deux jeunes messieurs se regardèrent, échangèrent un sourire, et le vicomte dit au marquis :

"Qu'est-ce que c'est?"

"Un homme fou."

"Non, chérie, un chien enragé."

"Rien d'autre." [6]

"Très bien, messieurs", s'écria le colonel. "Parlez anglais, vous êtes fait pour ça !"

Il changea de compartiment à la gare suivante et rencontra beaucoup de jeunes peintres. Il les appela disciples de Zeuxis et les interrogea sur Gérard, Gros et David. Ces messieurs trouvèrent le roman sportif, et lui recommandèrent d'aller voir Talma dans la nouvelle tragédie d'Arnault.

Les fortifications de Paris l'éblouissaient beaucoup et le scandalisaient un peu.

"Je n'aime pas ça", dit-il à ses compagnons. "Le véritable rempart d'une capitale, c'est le courage d'un grand peuple. Cet empilement de bastions autour de Paris, c'est dire à l'ennemi qu'il est possible de conquérir la France."

Le train s'arrêta enfin à la gare de Mazas. Le colonel, qui n'avait pas de bagages, partit pompeusement, les mains dans les poches, à la recherche de l' *hôtel de Nantes* . Comme il avait passé trois mois à Paris vers 1810, il se considérait comme connaissant la ville, et c'est pour cela qu'il ne manqua pas de s'y perdre dès son arrivée. Mais dans les divers quartiers qu'il traversait au hasard, il admirait les grands changements qui s'étaient opérés pendant son absence. Le goût de Fougas était d'avoir des rues très longues, très larges et bordées de très grandes maisons toutes pareilles ; il ne pouvait manquer de remarquer que le style parisien se rapprochait rapidement de son idéal. La perfection n'est pas encore absolue, mais les progrès sont manifestes.

Par une illusion très naturelle, il s'arrêta vingt fois pour saluer des personnes d'apparence familière ; mais personne ne l'a reconnu.

heures de marche, il arriva sur la *place du Carrousel* . L' *hôtel de Nantes* n'était plus là ; mais le Louvre avait été érigé à la place. Fougas employa un quart d'heure à contempler ce monument d'architecture, et une demi-heure à contempler deux zouaves de la garde qui jouaient au piquet. Il demanda si l' Empereur était à Paris ; alors son attention fut attirée sur le drapeau flottant sur les Tuilleries .

"Bien!" a-t-il dit. "Mais je dois d'abord me procurer de nouveaux vêtements."

Il prit une chambre dans un hôtel de la *rue Saint Honoré* et demanda à un garçon quel était le tailleur le plus célèbre de Paris. Le serveur lui tendit un annuaire d'entreprises. Fougas traque le bottier , le chemisier, le chapelier, le tailleur, le barbier et le gantier de l'Empereur. Il inscrivit leurs noms et adresses dans le portefeuille de Clémentine, après quoi il prit une voiture et partit.

Comme il avait un pied petit et bien fait, il trouva sans difficulté des bottines toutes faites. On lui promit également que tout le linge dont il aurait besoin lui serait renvoyé le soir. Mais lorsqu'il voulut expliquer au chapelier quelle sorte d'appareil il comptait lui planter sur la tête, il rencontra de grandes difficultés. Son idéal était un énorme chapeau, grand au sommet, petit en bas, large aux bords et courbé loin vers l'arrière et devant ; en un mot, l'héritage historique auquel le fondateur de la Bolivie a donné son nom il y a longtemps. Il fallut bouleverser la boutique et fouiller tous les recoins pour trouver ce qu'il cherchait.

« Enfin, s'écria le chapelier, voici votre article. Si c'est pour un costume de scène, vous devez être satisfait ; on peut compter sur l'effet comique.

Fougas répondit sèchement que le chapeau était bien moins ridicule que tous ceux qui circulaient alors dans les rues de Paris.

Chez le célèbre tailleur, rue *de la Paix*, il y eut presque une bataille.

"Non, monsieur," dit Alfred, "je ne vous ferai jamais un surtout grenouille et un pantalon *à la Cosaque* ! Allez chez Babin, ou Moréan, si vous voulez une robe de carnaval ; mais on ne dira jamais qu'un Un homme aussi beau que le vôtre a laissé notre établissement caricaturé.

« Tonnerre et armes ! » rétorqua Fougas . "Vous faites une tête de plus que moi, Monsieur le Géant, mais je suis colonel du Grand Empire, et il ne suffit pas que des tambours-majors donnent des ordres aux colonels !"

Bien sûr, c'est un diable d'homme qui a eu le dernier mot. Sa mesure fut prise, un livre de costumes consulté, et la promesse faite que dans vingt-quatre heures il serait habillé à la hauteur de la mode de 1813. Des étoffes lui furent présentées, parmi lesquelles quelques étoffes anglaises. Il les rejeta avec dégoût.

« Le drap bleu de France, s'écria-t-il, et fabriqué en France ! Et coupé de telle manière que quiconque me voyant à Pékin dirait : « C'est un soldat ! »

Les officiers d'aujourd'hui ont exactement une fantaisie opposée. Ils s'efforcent de ressembler à tous les autres « gentlemen » [7] lorsqu'ils revêtent la tenue civile.

Fougas a commandé, rue *Richelieu*, un foulard de satin noir, qui cachait sa chemise, et lui arrivait jusqu'aux oreilles. Puis il se dirigea vers le *Palais-Royal*, entra dans un restaurant célèbre et commanda son dîner. Pour le petit-déjeuner, il n'avait mangé qu'une bouchée chez un pâtissier du boulevard , aussi son appétit, aiguisé par la promenade, faisait-il des merveilles. Il mangeait et buvait comme à Fontainebleau. Mais la facture lui parut difficile à digérer : elle était de cent dix francs et quelques centimes. "Le diable!" a-t-il dit; "Vivre est devenu cher à Paris !" Le cognac entra dans la somme totale pour une pièce de neuf francs. On lui avait donné une bouteille et un verre de la taille d'un dé à coudre ; ce truc avait amusé Fougas , et il s'est diverti en le remplissant et en le vidant une douzaine de fois. Mais en sortant de table, il n'était pas ivre ; une gaieté aimable l'inspirait, mais rien de plus. L'idée lui vint de récupérer une partie de son argent en achetant des billets de loterie au numéro 113. Mais un vendeur de bouteilles situé dans cet immeuble lui apprit que la France n'avait pas joué depuis trente ans. Il se dirigea vers le *Théâtre Français* pour voir si les acteurs de l'Empereur ne donneraient pas quelque belle tragédie, mais l'affiche le dégoûta. Des comédies modernes jouées par de nouveaux acteurs ! Ni Talma, ni Fleury, ni Thénard , ni les Baptiste, ni Mlle. Mars, ni Mlle. Raucourt ! Il se rend ensuite à l'opéra, où Charles VI. était donné. La musique l'a immédiatement étonné. Il n'était pas habitué à entendre autant de bruit ailleurs que sur le champ de bataille. Néanmoins, ses oreilles s'habituèrent bientôt au bruit des instruments ; et la fatigue de la journée, le plaisir d'être confortablement assis et le travail de la digestion le plongeaient dans le sommeil. Il se réveilla en sursaut au son de cette célèbre chanson patriotique :

"_Guerre aux tyrans ! jamais, jamais en France,_ _Jamais l'Anglais ne régnera !_" [8]

"Non!" s'écria-t-il en étendant les bras vers la scène. "Jamais ! Jurons-le ensemble sur l'autel sacré de notre terre natale ! Péris, perfide Albion ! *Vive l'Empereur !* "

La fosse et l'orchestre se levèrent aussitôt, moins pour exprimer leur accord avec les sentiments de Fougas que pour le faire taire. Pendant l' *entr'acte suivant* , un commissaire de police lui disait à l'oreille que, lorsqu'on avait dîné comme lui, il fallait se coucher tranquillement, au lieu d'interrompre la représentation de l'opéra.

Il répondit qu'il avait dîné comme d'habitude et que cette explosion de sentiment patriotique n'était pas venue de l'estomac.

"Mais, dit-il, quand, dans ce palais de magnificence mal utilisée, la haine de l'ennemi est stigmatisée comme un crime, il faut que j'aille respirer un air plus libre et que je m'incline devant le temple de la Gloire avant de me coucher."

"Vous ferez bien de le faire", dit le policier.

Il sortit plus haut et plus droit que jamais, gagna le boulevard et courut à grands pas jusqu'au temple corinthien, au fond. En chemin, il admira grandement l'éclairage de la ville. M. Martout lui avait expliqué la fabrication du gaz ; il n'y avait rien compris, mais la flamme rougeoyante et rougeâtre était un véritable régal pour ses yeux.

Dès qu'il fut arrivé au monument qui commande l'entrée de la *rue Royale* , il s'arrêta sur le trottoir, rassembla un instant ses pensées et s'écria :

"Oh, Gloire ! Inspiratrice des grandes actions, veuve du puissant conquérant de l'Europe ! reçois les hommages de ton dévoué Victor Fougas ! Pour toi j'ai enduré la faim, la sueur et le gel, et mangé le plus fidèle des chevaux. Pour toi j'ai Je suis prêt à braver de nouveaux périls et à affronter à nouveau la mort sur chaque champ de bataille. Je te cherche plutôt que le bonheur, la richesse ou le pouvoir. Ne rejette pas l'offrande de mon cœur et le sacrifice de mon sang ! Comme prix d'une telle dévotion , je ne demande qu'un sourire à tes yeux et un laurier à ta main!"

Cette prière est allée toute lumineuse aux oreilles de *Sainte Marie Madeleine* , la patronne de l'ex-temple de la Gloire. Ainsi l'acquéreur d'un château reçoit parfois une lettre adressée au propriétaire initial.

Fougas revint par la *rue de la Paix* et la *place Vendôme* , et salua au passage la seule figure familière qu'il avait encore trouvée à Paris. Le nouveau costume de Napoléon sur la colonne ne lui déplaît en rien. Il préférait le bicorne à une couronne, et le surtout gris à un manteau de théâtre.

La nuit a été agitée. Dans le cerveau du colonel mille projets divers se croisaient dans tous les sens. Il prépara le petit discours qu'il devait faire à l' empereur , s'endormant au milieu d'une phrase, et se réveillant en sursaut pour tenter de ressaisir l'idée si brusquement évanouie. Il éteignit et ralluma sa bougie vingt fois. Le souvenir de Clémentine était parfois mêlé de rêves de guerre et d'utopies politiques. Mais je dois avouer que la silhouette de la jeune fille a rarement dépassé la deuxième place.

Mais si la nuit paraissait trop longue, la matinée paraissait courte en proportion. L'idée de rencontrer face à face le nouveau maître de l'empire l'inspirait et le glaçait à son tour. Il espéra un instant qu'il manquerait quelque chose à sa toilette, qu'un commerçant lui fournirait un prétexte honorable pour remettre sa visite au lendemain. Mais tout le monde faisait preuve d'une ponctualité des plus désespérées. A midi précis, le pantalon *à la Cosaque* et le surtout à grenouille étaient au pied du lit en face du fameux chapeau Bolivar.

"Autant m'habiller", dit Fougas . "Peut-être que ce jeune homme n'est pas chez lui. Dans ce cas, je laisserai mon nom et j'attendrai qu'il me fasse venir."

Il se dressait magnifiquement à sa manière, et, bien que cela puisse paraître impossible à mes lecteurs, Fougas , en écharpe de satin noir et surtout en grenouille, n'était ni simple ni même ridicule. Sa haute silhouette, sa carrure souple, son port haut et impressionnant, ses mouvements brusques, tout cela était en certaine harmonie avec le costume d'autrefois. Il avait l'air étrange, et c'est tout. Pour garder courage, il est allé dans un restaurant, a mangé quatre côtelettes, une miche de pain, une tranche de fromage et a arrosé le tout de deux bouteilles de vin. Le café et les suppléments l'amenèrent à deux heures, et c'était l'heure qu'il s'était fixée.

Il inclina légèrement son chapeau sur une oreille, boutonna ses gants en peau de daim, toussa énergiquement deux ou trois fois devant la sentinelle de la *rue de Rivoli* et marcha vaillamment vers le portail.

« Monsieur, s'écria le portier, que voulez-vous ?

"L' empereur !"

"Avez-vous une lettre d'audience ?"

"Le colonel Fougas n'en a pas besoin. Allez demander des références à celui qui domine la *place Vendôme* . Il vous dira que le nom de Fougas a toujours été synonyme de bravoure et de fidélité."

"Vous avez connu le premier Empereur ?"

"Oui, mon petit farceur ; et j'ai parlé avec lui comme je parle avec toi."

"En effet ! Mais quel âge as-tu alors ?"

« Soixante-dix ans sur le cadran du temps ; vingt-quatre ans sur les tablettes de l'Histoire ! »

Le portier leva les yeux au ciel et murmura :

"Encore un autre ! C'est le quatrième de cette semaine !"

Il fit signe à un petit monsieur en noir, qui fumait sa pipe dans la cour des Tuilleries . Puis il dit à Fougas en posant la main sur son bras :

"Alors, mon bon ami, tu veux voir l' Empereur ?"

« Je vous l'ai déjà dit, personne familière !

" Très bien, vous le verrez aujourd'hui. Ce monsieur qui passe là, la pipe au bec, c'est celui qui introduit les visiteurs ; il prendra soin de vous. Mais l'Empereur n'est pas au Palais ; il est en " Le pays. Cela vous est égal, n'est-ce pas, si vous devez entrer dans le pays ? "

"Qu'est-ce que tu crois que je m'en soucie ?"

" Seulement, je suppose que vous n'avez pas envie d'y aller à pied. Une voiture a déjà été commandée pour vous. Venez, mon bon garçon, montez et soyez raisonnable ! "

Deux minutes plus tard, Fougas , accompagné d'un détective, se rendait à cheval à un commissariat.

Son entreprise fut bientôt liquidée. Le commissaire qui le recevait était le même qui lui avait parlé la veille au soir à l'Opéra. Un médecin fut appelé et rendit le meilleur verdict de monomanie qui ait jamais envoyé un homme à Charenton . Tout cela se faisait poliment et agréablement, sans un mot qui pût mettre le colonel en garde ou lui faire soupçonner le sort qui lui était réservé. Il trouva simplement le cérémonial un peu long et particulier, et prépara sur place plusieurs phrases bien sonnantes, qu'il se promettait l'honneur de répéter à l' empereur .

Enfin , il fut autorisé à reprendre sa route. Le hack avait été fait attendre ; le gentleman huissier ralluma sa pipe, dit trois mots au cocher et s'assit à la gauche du colonel. La voiture partit au trot, gagna les *boulevards* et prit la direction de la Bastille. Elle était arrivée en face de la *porte Saint-Martin* , et Fougas , la tête à la fenêtre, continuait la composition de son discours impromptu, lorsqu'une voiture découverte tirée par une paire d'alezans superbes passa pour ainsi dire sous son nez. . Un gros homme à moustache grise tourna la tête et cria : « Fougas !

Robinson Crusoé, découvrant l'empreinte humaine sur son île, ne fut pas plus étonné et plus ravi que notre héros en entendant ce cri de « Fougas ! Pour ouvrir la porte, sauter sur la route, courir vers la voiture arrêtée, s'y jeter d'un seul bond, sans l'aide du marchepied, et tomber dans les bras du gros monsieur à moustache grise. , était tout le travail d'une seconde. La calèche avait disparu depuis longtemps, lorsque le détective au galop, suivi de son hack au trot, parcourut la ligne des *boulevards* , demandant à tous les policiers s'ils n'avaient pas vu passer par là un fou.

CHAPITRE XVI.

L'ENTRETIEN MÉMORABLE ENTRE LE COLONEL FOUGAS ET SA MAJESTÉ L'EMPEREUR DES FRANÇAIS.

En tombant sur le cou du gros homme à moustache grise, Fougas crut qu'il embrassait Masséna. Il le lui fit naturellement entendre, sur quoi le propriétaire de la calèche éclata de rire .

« Ah ! mon pauvre vieux, dit-il, il y a longtemps que nous n'avons pas enterré l'Enfant de la Victoire ! Regardez-moi bien en face : je suis Leblanc, de la campagne de Russie. »

"Impossible ! Espèce de petit Leblanc ?"

"Lieutenant au 3e Artillerie, qui a partagé avec vous un million de dangers et ce fameux morceau de cheval rôti que vous avez salé de vos larmes."

"Eh bien, sur mon âme ! C'est *toi* ! Tu m'as découpé une paire de bottes dans la peau du malheureux Zéphyr ! Et nous n'avons pas besoin de parler du nombre de fois où tu m'as sauvé la vie ! Oh, mon brave et fidèle ami " Merci à Dieu de vous embrasser encore une fois ! Oui, je vous reconnais maintenant ; mais je n'ai pas besoin de dire que vous êtes changé ! "

"Gad ! *Je* n'ai pas été conservé dans une cruche d'alcool de vin. J'ai *vécu* , pour ma part !"

"Alors tu connais mon histoire ?"

" Je l'ai entendu dire hier soir chez le ministre de l'Instruction publique. Il y avait là le savant qui vous a remis sur pied. Je vous ai même écrit, en rentrant chez vous, pour vous offrir une couchette et une place au mess ; mais ma lettre est en route pour Fontainebleau.

" Merci ! Vous êtes sain d'esprit ! Ah ! mon pauvre vieux, que s'est-il passé depuis la Bérésina ! Vous savez tous les malheurs qui sont arrivés ? "

" Je les ai vus, et c'est plus triste encore. J'étais major après Waterloo ; les Bourbons m'ont mis de côté à demi-solde. Mes amis m'ont remis au service en 1822, mais j'ai eu de la malchance et j'ai flâné dans garnisons de Lille, Grenoble et Strasbourg, sans en devancer aucune. Ma deuxième épaulette ne me parvint qu'en 1830 ; puis je fis un petit tour en Afrique. Je fus nommé général de brigade à Isly , je rentrai chez moi et je me démenai de pilier à poster jusqu'en 1848. Cette année-là, nous avons eu une campagne de juin à Paris même. Mon cœur saigne encore chaque fois que j'y pense, et, sur mon âme, vous êtes heureux de ne pas l'avoir vu. J'ai eu trois balles dans mon corps et une commission de général de division. Après tout, je n'ai pas le droit de me plaindre car la campagne d'Italie m'a porté bonheur. Me voici, maréchal de France, avec cent mille francs de rente, et duc de Solférino en " Le marché. Oui, l'Empereur a mis une poignée sur mon nom. Le fait est que ce court « Leblanc » était un peu trop court. "

« Tonnerre ! » s'écria Fougas , c'est magnifique ! Je te jure, Leblanc, que je ne suis pas jaloux de ta bonne fortune ! Il est assez rare qu'un soldat se réjouisse de l'avancement d'un autre ; mais en effet, du fond du cœur, je t'assure que Je le sais maintenant. C'est tant mieux, puisque vous méritiez vos honneurs, et que la déesse aveugle a dû entrevoir votre cœur et vos talents, à travers le bandeau qui lui couvre les yeux !

"Tu es très gentil ! Mais parlons de toi maintenant : où allais-tu quand je t'ai rencontré ?"

"Pour voir l' Empereur ."

— Moi aussi ; mais où diable le cherchiez-vous ?

"Je ne sais pas ; quelqu'un me montrait le chemin."

"Mais il est aux Tuilleries !"

"Non!"

"Oui ! Il y a quelque chose là-dessous, parlez-moi de ça."

Fougas n'a pas attendu qu'on le presse. Le maréchal comprit bientôt de quel genre de danger il avait tiré son ami.

« Le *concierge* se trompe, dit-il ; " L' Empereur est au Palais ; et comme nous y sommes maintenant, venez avec moi ; peut-être pourrai-je vous présenter après mon audience. "

" Justement ! Leblanc, mon cœur bat à l'idée de voir ce jeune homme. Est-ce qu'il est bon ? Peut-on compter sur lui ? Est-il quelque chose comme l'autre ? "

"Vous pouvez le constater par vous-même. Attendez ici."

L'amitié de ces deux hommes datait de l'hiver 1812. Lors de la retraite de l'armée française, le hasard réunit le lieutenant d'artillerie et le colonel du 23e. L'un avait dix-huit ans, l'autre à peine vingt-quatre ans. La distance entre leurs rangs était facilement comblée par le danger commun. Tous les hommes sont égaux devant la faim, le froid et la fatigue. Un matin, Leblanc, à la tête de dix hommes, délivra Fougas des mains des Cosaques ; puis Fougas a sabré une demi-douzaine de retardataires qui tentaient de voler le manteau de Leblanc. Huit jours plus tard, Leblanc tirait son ami d'une cabane à laquelle les paysans avaient incendié ; et Fougas , à son tour, repêcha Leblanc dans la Bérésina . La liste de leurs dangers et de leurs services mutuels est trop longue pour que je puisse la donner entièrement. Pour finir, le colonel, à Koenigsberg, passa trois semaines au chevet du lieutenant, qui fut atteint de fièvre et de fièvre. Il ne fait aucun doute que ces tendres soins lui ont sauvé la vie. Ce dévouement réciproque avait noué entre eux des liens si forts qu'une séparation de quarante-six ans ne pouvait les briser.

Fougas , seul dans un grand salon, était plongé dans les souvenirs de ce bon vieux temps, lorsqu'un huissier lui demanda d'ôter ses gants et d'entrer dans le cabinet de l' Empereur .

Le respect du pouvoir, qui est le fondement même de mon caractère, ne me permet pas de mettre en scène des personnages augustes. Mais la correspondance de Fougas appartient à l'histoire contemporaine, et voici la lettre qu'il écrivit à Clémentine en rentrant à son hôtel :

" PARIS (que dis-je ?) — CIEL , 21 *août* 1859.

" MON DOUX ANGE : je suis enivré de joie, de gratitude et d'admiration. Je l'ai vu, je lui ai parlé ; il m'a donné la main, il m'a fait asseoir. C'est un grand prince ; il sera le maître. du monde. Il m'a donné la médaille de Sainte-Hélène et la croix d'officier. Le petit Leblanc, un vieil ami et un vrai cœur, m'a conduit devant lui ; il est aussi maréchal de France et duc de le nouvel empire ! Quant à l'avancement, il n'y a plus besoin de spéculer là-dessus. Prisonnier de guerre en Prusse et dans un triple cercueil, je reviens avec mon grade ; ainsi dit la loi militaire. Mais dans moins de trois mois je serai être général de brigade, c'est sûr ; il a daigné me le promettre lui-même. Quel homme ! Un dieu sur terre ! Pas plus vaniteux que celui de Wagram et de Moscou, et, comme lui, le père du soldat. Il voulait pour me donner de l'argent de sa bourse privée pour remplacer mes équipements . J'ai répondu : " Non, sire ; j'ai une créance à recouvrer à Dantzic ; si elle est payée, je serai riche ; si la dette est niée, mon salaire suffira. " pour moi.' Alors (ô Bienfait des Princes, tu n'es donc qu'un nom vide de sens !) il sourit légèrement et dit en tordant sa moustache : « Vous êtes resté en Prusse de 1813 à 1859 ? » — « Oui, sire. » — « Prisonnier de guerre dans des conditions exceptionnelles ? ?'—'Oui, sire.'—'Eh bien, la Prusse vous doit une indemnité. Je veillerai à ce qu'elle soit récupérée par des démarches diplomatiques.'—'Oui, sire. Quel Dieu !' Or, il y a une idée qui ne me serait jamais venue à l'esprit : soutirer de l'argent à la Prusse, à la Prusse qui s'est montrée si avide de nos trésors en 1814 et 1815 *! l'Empereur !* Ma bien-aimée Clémentine ! Oh, que notre glorieux et magnanime souverain vive éternellement ! *Vivent l'Impératrice et le Prince Impérial !* Je les ai vu! L' Empereur m'a présenté à sa famille ! Le Prince est un admirable petit soldat ! Il a daigné battre le tambour de mon nouveau chapeau. J'ai pleuré d'émotion. Sa Majesté l'Impératrice dit avec un sourire angélique qu'elle avait entendu parler de mes malheurs. « Oh, Madame ! » Je répondis : « Un tel moment les dédommage au centuple . » — « Il faudra venir danser aux Tuilleries l'hiver prochain. » — « Hélas, Madame, je n'ai jamais dansé qu'au son du canon ; mais je ne ménagerai aucun effort pour vous plaire ! J'étudierai l'art de Vestris. » — « *J'ai* très bien appris le quadrille », ajouta Leblanc.

« L' Empereur a daigné exprimer sa joie de retrouver un officier comme moi, qui avait hier, pour ainsi dire, participé aux plus belles campagnes du siècle et conservé toutes les traditions de la grande guerre. Cela m'a encouragé. On ne craignait plus de lui rappeler le fameux principe du bon vieux temps : ne traiter pour la paix qu'en majuscules ! dit-il, c'est sur la base de ce principe que les armées alliées sont venues à deux reprises poser les bases de la paix à Paris. — Elles ne reviendront pas ici, m'écriai-je, sans passer sur mon corps ! J'ai insisté sur les troubles susceptibles de naître d'une trop grande intimité avec l'Angleterre. J'ai exprimé l'espoir de procéder immédiatement à la conquête du monde. D'abord, récupérer nos frontières pour nous-mêmes ; ensuite, les frontières naturelles de l'Europe : pour l'Europe. n'est qu'un faubourg de France, et ne peut pas être annexé trop tôt. L' Empereur secoua la tête comme s'il n'était pas de mon avis. A-t-il des desseins pacifiques ? Je ne veux pas m'attarder sur cette idée, cela me tuerait !

« Il me demanda quelles impressions j'avais eues sur l'aspect des changements qui s'étaient opérés à Paris. Je répondis avec la sincérité d'une âme haute : « Sire, le nouveau Paris est la grande œuvre d'un grand règne ; mais je nourrissez l'espoir que vos aménagements ne sont pas encore parachevés. » – « Que reste-t-il à faire, maintenant, à votre avis ? » – « D'abord remédier au cours de la Seine, dont la courbe irrégulière est positivement choquant. La ligne droite est la distance la plus courte entre deux points, pour les rivières comme pour les boulevards. En second lieu, pour niveler le terrain et supprimer toutes les inégalités de surface qui semblent dire au gouvernement : « Tu es moins puissant que la nature ». !' Après avoir accompli ce travail préparatoire, je tracerais un cercle de trois lieues de diamètre, dont la circonférence, marquée par une élégante balustrade, serait la limite de Paris. Au centre je bâtirais un palais pour Votre Majesté et les princes de la famille impériale. — un vaste et splendide édifice, comprenant dans ses agencements tous les offices publics : les offices, les tribunaux, les musées, les cabinets, les archives, la police, l'Institut, les ambassades, les prisons, la banque de France, les amphithéâtres, les théâtres, le *Moniteur.* , imprimerie impériale, manufacture de porcelaine de Sèvres et de tapisserie des Gobelins, et arrangements d'intendance. Ce palais, de forme circulaire et d'architecture magnifique, devrait centrer douze boulevards, larges de cent vingt mètres, terminés par douze chemins de fer, et appelés par le noms de douze maréchaux de France. Chaque boulevard est bâti de maisons uniformes, hautes de quatre étages, ayant devant une grille de fer et un petit jardin de trois mètres de large, toutes plantées de la même espèce de fleurs. Cent rues, larges de soixante mètres, devraient relier les boulevards ; ces rues communiquent entre elles par des ruelles de trente-cinq mètres de large, le tout bâti uniformément d'après les plans officiels, avec des grilles, des jardins et des fleurs spécifiées. Il devrait être interdit aux chefs de famille de permettre que des affaires se fassent dans leurs établissements, car l'aspect des magasins avilit l'intellect et dégrade le cœur. Les commerçants pourraient être autorisés à s'établir dans les banlieues sous la réglementation des lois. Les rez-de-chaussée de toutes les maisons seront occupés par des écuries et des cuisines ; les premiers étages sont loués à des personnes possédant un revenu de cent mille francs et plus ; le second, à ceux valant de quatre-vingts à cent mille francs ; le troisième, à ceux qui valent de soixante à quatre-vingt mille ; le quatrième, de cinquante à soixante mille. Aucune personne ayant un revenu inférieur à cinquante mille francs ne devrait être autorisée à résider à Paris. Les ouvriers doivent être hébergés à dix milles de la frontière dans des casernes d'ouvriers. Nous les exempterons d'impôts pour qu'ils nous aiment ; et nous placerons des canons autour d'eux pour qu'ils nous craignent. C'est mon Paris !' L' Empereur m'écouta patiemment et tordit sa moustache. « Votre plan, dit-il, coûterait peu de chose. » — « Pas beaucoup plus que celui déjà adopté », répondis-je. A cette remarque, une hilarité sans réserve, dont je ne puis expliquer la cause, s'éclaira. son air sérieux. « Ne pensez-vous pas, dit-il, que votre projet ruinerait beaucoup de monde ? » — « Eh ! Quelle différence cela fait-il pour moi ? m'écriai-je, puisque cela ne ruinera que les riches ? Il se remit à rire et me fit ses adieux en me disant : « Colonel, vous ne devrez rester colonel que jusqu'à ce que nous vous nommions général de brigade ! Il m'a permis de lui serrer la main une seconde fois. J'ai dit adieu au brave Leblanc, qui m'a invité à dîner avec lui ce soir, et je suis rentré à mon hôtel pour verser ma joie dans votre douce âme. Ah Clémentine ! Il faut espérer! Vous serez heureux et je serai génial ! Demain matin, je pars pour Dantzic . L'or est une tromperie, mais je veux que tu sois riche.

« Un doux baiser sur ton front pur !

" V. FOUGAS ."

Les abonnés de *La Patrie* , qui tiennent des archives de leur journal, sont priés de rechercher le numéro du 23 août 1859. Ils y trouveront deux paragraphes de renseignements locaux, que j'ai pris la liberté de copier ici :

"Son Excellence le Maréchal, le Duc de Solférino, a eu hier l'honneur de présenter à Sa Majesté l'Empereur un héros du premier Empire, le Colonel Fougas , à qui un événement presque miraculeux, déjà évoqué dans un rapport à l'Académie des Sciences, a restauré son pays.

Tel était le premier paragraphe ; voici le deuxième

" Un fou, le quatrième cette semaine, mais le plus dangereux de tous, s'est présenté hier à l'une des entrées des Tuilleries . Vêtu d'un costume grotesque, les yeux brillants, le chapeau relevé sur l'oreille, et s'adressant aux plus gens respectables, avec une impolitesse inouïe, il tenta de se frayer un passage devant la sentinelle, et se jeta, Dieu seul sait dans quel but, en présence du Souverain. Au cours de ses éjaculations incohérentes, on distinguait les mots suivants : « bravoure, Colonne *Vendôme* , fidélité, cadran du temps, tablettes de l'histoire. Lorsqu'il fut arrêté par un des policiers de garde et conduit devant le commissaire de police de la section des Tuilleries , il fut reconnu comme étant le même individu qui, la veille au soir, à l'Opéra, avait interrompu la représentation de Charles VI avec les gestes les plus inconvenants. crie. Après les procédures médico-judiciaires d'usage, il a été sommé d'être envoyé à l' hôpital de Charenton . Mais face à la *porte Saint-Martin* , profitant d'un écluse parmi les véhicules, et de la force herculéenne dont il est doté, il arracha les mains de son gardien, le renversa, le frappa, sauta d'un bond dans la rue et disparut dans la foule. Les recherches les plus actives furent aussitôt mises à pied, et nous savons de la meilleure autorité que la police est déjà sur la trace du fugitif.

CHAPITRE XVII.

OÙ M. NICHOLAS MEISER, UN DES HOMMES SOLIDES DE DANTZIC, REÇOIT UNE VISITE MALVENUE.

La sagesse de l'humanité déclare que les gains mal acquis ne servent à rien. Je soutiens qu'ils font plus de bien aux voleurs qu'aux volés, et la bonne fortune de Herr Nicholas Meiser est un argument à l'appui de ma proposition.

Le neveu de l'illustre physiologiste, après avoir brassé beaucoup de bière avec très peu de houblon, et s'être approprié prématurément l'héritage destiné à Fougas , avait amassé, par diverses opérations, une fortune de huit à dix millions . "Dans quel genre d'opérations ?" Personne ne me l'a jamais dit, mais je sais qu'il qualifiait de bonnes toutes les opérations qui rapportaient de l'argent. Prêter de petites sommes à gros intérêts, accumuler de grandes réserves de blé pour pallier à une disette après l'avoir produit lui-même, saisir des débiteurs malheureux, aménager un ou deux navires pour le commerce de la chair noire sur la côte africaine, telles sont les sont des exemples de spéculations que le bon homme ne méprisait pas. Il ne s'en vantait jamais, car il était modeste ; mais il n'en rougit jamais, car il avait élargi sa conscience en même temps que son capital. Au reste, c'était un homme d'honneur, au sens commercial du mot, et capable d'étrangler le genre humain tout entier plutôt que de laisser protester sa signature. Les banques de Dantzic , de Berlin, de Vienne et de Paris le tenaient en haute estime ; son argent passait par eux tous.

Il était gros, onctueux et fleuri, et vivait bien. Le nez de sa femme était beaucoup trop long et ses os trop saillants, mais elle l'aimait de tout son cœur et lui faisait de petites friandises. Une parfaite complicité de sentiments unissait ce charmant couple. Ils se parlaient à cœur ouvert et n'avaient jamais pensé à retenir aucune de leurs mauvaises pensées. Chaque année, à la Saint-Martin , à l'échéance des loyers, on chassait dehors les familles de cinq ou six ouvriers qui ne pouvaient payer leurs conditions ; mais ils n'en dînèrent pas plus mal après, et leur baiser de bonne nuit n'en fut pas moins doux.

Le mari avait soixante-six ans, la femme soixante-quatre. Leurs physionomies étaient de nature à inspirer la bienveillance et à forcer le respect. Pour compléter leur ressemblance extérieure avec les patriarches, il ne fallait que des enfants et des petits-enfants. La nature leur avait donné un fils, un fils unique, parce qu'ils n'en avaient pas sollicité davantage. Ils auraient considéré comme une imprévoyance criminelle de partager leur fortune entre plusieurs. Malheureusement, cet enfant unique, héritier présomptif de tant de millions, est mort à l'Université de Heidelberg après avoir mangé trop de saucisses. Il partit, à vingt ans, pour ce Valhalla des étudiants allemands , où l'on mange des saucisses à l'infini et boit de la bière inépuisable ; où ils chantent des chansons de huit cents millions de vers et se coupent le bout du nez avec d'énormes épées. La Mort envieuse l'a arraché à ses parents alors qu'ils n'étaient plus en âge d'improviser un successeur. Les malheureux vieux millionnaires récupéraient tendrement ses effets, pour les vendre. Au cours de cette opération, si éprouvante pour leur âme (car il y avait beaucoup de linge neuf introuvable), Nicolas Meiser dit à sa femme : « Mon cœur saigne à l'idée que nos bâtiments et nos dollars, nos marchandises à la surface et au-dessous du sol, devraient aller à des étrangers. Les parents devraient toujours avoir un fils supplémentaire, tout comme ils ont un vice-arbitre à la Chambre de Commerce.

Mais Time, qui est un grand professeur en Allemagne et dans plusieurs autres pays, leur a fait comprendre qu'il y a une consolation pour tout sauf la perte d'argent. Cinq ans plus tard, Mme Meiser disait à son mari avec un sourire tendre et philosophique : « Qui peut comprendre les décrets de la Providence ? Peut-être que votre fils nous aurait mis en croûte. Regardez Theobald Scheffler, son vieux camarade. vingt mille francs à Paris pour une femme qui s'est levé les jambes au milieu d'un quadrille. Nous dépensions nous-mêmes plus de deux mille thalers par an pour notre méchant vaurien. Sa mort est une grande économie, et donc une bonne chose !

Tant que les trois cercueils de Fougas furent dans la maison, la bonne dame grondait des visions et des inquiétudes de son mari. " A quoi penses-tu, au nom du bon sens ? Tu m'as encore donné des coups de pied toute la nuit. Jetons au feu ce vaurien de Français ; alors il ne troublera plus le repos d'une paisible famille. Nous pourrons vendre la boîte de plomb ; elle doit peser au moins deux cents livres. La soie blanche me fera une bonne doublure pour une robe ; et la laine du rembourrage nous fera facilement un matelas. Mais un soupçon de superstition empêcha Meiser de suivre les conseils de sa femme ; il préféra se débarrasser du colonel en le vendant.

La maison de ce digne couple était la plus belle et la plus substantielle de la rue des Puits Publics, dans la partie aristocratique de la ville. De fortes balustrades en fer ajouré décoraient magnifiquement toutes les fenêtres, et la porte était gainée de fer, comme un chevalier des temps anciens. Un système de petits miroirs, ingénieusement disposés dans l'entrée, permettait de voir le visiteur avant même d'avoir frappé. Un seul serviteur, cheval régulier pour le travail et chameau pour la tempérance, servait sous ce toit béni des dieux.

Le vieux domestique dormait loin de la maison, à la fois parce qu'il le préférait et parce que, ce faisant, il ne pouvait pas être tenté de tordre le cou de ses vénérables employeurs. Quelques livres sur le commerce et la religion constituaient la bibliothèque des deux vieillards. Ils ne se souciaient pas d'avoir un jardin à l' arrière de leur maison, car les buissons pouvaient cacher des voleurs. Ils fermaient leur porte à verrous tous les soirs à huit heures, et ne sortaient jamais sans y être obligés, de peur de rencontrer des gens dangereux.

Et pourtant, le 29 avril 1859, à onze heures du matin, Nicolas Meiser était loin de sa maison bien-aimée. Gracieux! que c'est bien loin pour lui, cet honnête bourgeois de Dantzic ! Il parcourait d'un pas lourd la promenade de Berlin qui porte le nom d'un des romans d'Alphonse Karrs : *Sous les tilleuls.* En allemand : *Unter den Linden.*

Quelle puissante agence avait sorti de sa boîte à bonbons, ce gros bonbon rouge sur deux pattes ? Celle qui conduisit Alexandre à Babylone, Scipion à Carthage, Godfrey de Bouillon à Jérusalem et Napoléon à Moscou : Ambition ! Meiser ne s'attendait pas à recevoir les clés de la ville sur un coussin de velours rouge, mais il connaissait un grand seigneur, un employé dans un bureau du gouvernement et une femme de chambre qui travaillaient pour lui obtenir un brevet de noblesse. S'appeler Von Meiser au lieu de simplement Meiser ! Quel rêve glorieux !

Ce bon homme avait dans son caractère ce mélange de mesquinerie et de vanité qui place si loin les laquais du reste des hommes. Plein de respect pour le pouvoir et d'admiration pour la grandeur conventionnelle, il ne prononçait jamais le nom du roi, du prince ou même du baron, sans emphase et sans onction. Il prononçait toutes les syllabes aristocratiques, et le seul mot « Monseigneur » lui paraissait une bouchée de soupe bien épicée. Les exemples de cette disposition ne sont pas rares en Allemagne et se retrouvent même occasionnellement ailleurs. S'ils pouvaient être transportés dans un pays où tous les hommes sont égaux, le mal du pays de lécher les bottes les tuerait.

Les réclamations portées en faveur de Nicolas Meiser n'étaient pas de celles qui faisaient immédiatement rebondir la balance, mais de celles qui la faisaient tourner peu à peu. Neveu d'un homme de science illustre, puissamment riche, homme de bon jugement, abonné à la *Nouvelle Gazette de la Croix*, plein de haine pour l'opposition, auteur d'un toast contre l'influence des démagogues, autrefois membre de la Cité. Conseil, autrefois arbitre à la Chambre de Commerce, autrefois caporal dans la milice, et ennemi déclaré de la Pologne et de toutes les nations sauf les plus fortes. Son action la plus brillante remontait à dix ans. Il avait dénoncé, par une lettre anonyme, un député français réfugié à Dantzic . Pendant que Meiser marchait sous les tilleuls, sa cause progressait à merveille. Il avait reçu cette douce assurance de la bouche même de ses promoteurs. Il se dirigea donc d' un pas léger vers le dépôt du chemin de fer du Nord-Est, sans autre bagage qu'un revolver dans sa poche. Sa malle en cuir noir avait disparu avant ; et l'attendait à la gare. Chemin faisant, il regardait les vitrines des magasins, lorsqu'il s'arrêta devant une papeterie et se frotta les yeux, remède souverain, dit-on, contre les troubles de la vue. Entre les portraits de Mme. Sand et M. Mérimée, les deux plus grands écrivains de France, il avait remarqué, examiné, reconnu une figure connue.

" Sûrement, " dit-il, " j'ai déjà vu cet homme, mais il était plus pâle. Notre vieux locataire aurait-il pu reprendre vie ? Impossible ! J'ai brûlé les instructions de mon oncle, alors le monde a perdu, grâce à moi, le secret pour ressusciter les gens. Néanmoins, la ressemblance est frappante. Est-ce un portrait du colonel Fougas , pris sur le vif en 1813 ? Non ; car la photographie n'était pas alors inventée. Mais peut-être s'agit-il d'une photographie copiée d'après une gravure ? Voici Louis XVI. et Marie-Antoinette se sont reproduites de la même manière : cela ne prouve pas que Robespierre les ait fait ressusciter. De toute façon, j'ai fait une rencontre malheureuse.

Il fit un pas vers la porte du magasin pour se rassurer, mais une étrange réticence le retint. Les gens pourraient s'interroger sur lui, lui poser des questions, essayer de connaître la raison de son trouble. Il reprit sa marche d'un pas vif, essayant de se rassurer.

" Bah ! c'est une hallucination, le résultat d'une trop longue idée. D'ailleurs, le portrait était habillé à la manière de 1813 ; cela règle la question. "

Il arriva à la gare, fit vérifier sa malle de cuir noir et se jeta de tout son long dans un compartiment de première classe. Il fuma d'abord sa pipe en porcelaine, mais ses deux voisins endormis, il suivit bientôt leur exemple et se mit à ronfler. Or, les ronflements de ce grand homme avaient quelque chose d'effrayant ; on aurait pu se croire en train d'écouter les trompettes du jour du jugement. Quelle ombre le visitait à cette heure de sommeil, aucune autre âme ne l'a jamais connue ; car il gardait ses rêves pour lui, comme il faisait tout ce qui lui appartenait.

Mais entre deux gares, alors que le train roulait à toute vitesse, il sentit distinctement deux mains puissantes tirer à ses pieds : sensation, hélas ! trop connu et qui a rappelé les souvenirs les plus laids de sa vie. Il ouvrit les yeux avec terreur et vit l'homme de la photographie, dans le costume de la photographie. Ses cheveux se dressèrent, ses yeux devinrent grands comme des soucoupes, il poussa un grand cri et se jeta tête baissée entre les sièges parmi les jambes de ses voisins.

Quelques coups de pied vigoureux le ramenèrent à lui. Il se leva du mieux qu'il put et regarda autour de lui. Il n'y avait là que les deux messieurs d'en face, qui lançaient machinalement leurs derniers coups de pied dans le vide, et se frottaient les yeux avec leurs bras. Il réussit à les réveiller et les interrogea sur la visite qu'il avait eue ; mais ces messieurs déclarèrent qu'ils n'avaient rien vu.

Meiser revint tristement à ses propres pensées ; il remarqua que les visions semblaient terriblement réelles. Cette idée l'empêchait de se rendormir.

« Si cela dure encore longtemps, pensa-t-il, le fantôme du colonel me brisera le nez d'un coup de poing ou me donnera des yeux noirs !

Un peu plus tard, il se rendit compte qu'il avait déjeuné très précipitamment ce matin-là et il se dit que ce cauchemar avait peut-être été provoqué par un tel régime.

Il descendit à l'arrêt suivant, cinq minutes plus tard, et demanda de la soupe. On lui apporta des vermicelles très chauds et il souffla dans son bol comme un dauphin dans le Bosphore.

Un homme passait devant lui, sans le bousculer, sans rien lui dire, sans même le voir. Et pourtant, le bol tomba des mains du riche Nicolas Meiser, les vermicelles se déversèrent sur son gilet et sur sa poitrine de chemise, où ils formèrent un élégant chantournage évoquant l'architecture de la *porte Saint-Martin* . Des fils jaunâtres, détachés de la masse, pendaient en stalactites aux boutons de son habit. Les vermicelles s'arrêtaient à l'extérieur, mais la soupe pénétrait beaucoup plus loin. Il faisait plutôt chaud pour le plaisir ; un œuf laissé dedans dix minutes aurait été dur. Soupe fatale, qui non seulement se distribuait dans les poches, mais dans les sinuosités les plus secrètes de l'homme lui-même ! La cloche du départ sonna, le garçon récupéra ses deux sous, et Meiser monta dans les voitures, précédé d'un pansement de vermicelles et suivi d'un petit fil de soupe qui coulait le long de ses mollets.

Et tout cela, parce qu'il avait vu, ou cru voir, la figure terrible du colonel Fougas mangeant des sandwichs.

Oh! combien le voyage a paru long ! Quelle période terrible ce fut avant qu'il puisse être chez lui, entre sa femme Catherine et son domestique Berbel, avec toutes les portes bien fermées ! Ses deux compagnons riaient jusqu'à ce que les boutons volent ; on riait dans le compartiment à sa droite et dans le compartiment à sa gauche. Aussi vite qu'il ôtait les vermicelles, de petites taches de soupe se figèrent d'une manière impertinente et semblaient rire doucement. Comme il est difficile pour un grand millionnaire d'amuser des gens qui n'ont pas un sou ! Il ne redescendit qu'à leur arrivée à Dantzic ; il ne mettait même pas le nez à la fenêtre ; il suçait une consolation solitaire dans sa pipe en porcelaine, sur laquelle Léda caressait son cygne et ne souriait pas.

Voyage fatiguant, fatiguant ! Mais il est néanmoins rentré chez lui. Il était huit heures du soir ; le vieux domestique attendait avec des cordes pour accrocher sur son dos la malle de son maître. Fini les chiffres alarmants, fini les rires moqueurs ! L'histoire de la soupe est tombée dans les grands oubliés, comme un des discours de M. Heller. Dans la salle des bagages, Meiser avait déjà saisi la poignée d'une malle en cuir noir, quand, à l'autre bout, il aperçut le spectre de Fougas , qui tirait en sens inverse, et semblait enclin à lui disputer la possession. Il se hérissa, tira plus fort et plongea même sa main gauche dans la poche où gisait le revolver. Mais le regard lumineux du colonel le fascinait, ses jambes tremblaient, il tombait et il croyait voir Fougas et la malle noire se rouler l'un sur l'autre. Lorsqu'il reprit ses esprits, son vieux domestique se frottait les mains, la malle était déjà entourée de sangles et le colonel avait disparu. Le domestique jura qu'il n'avait vu personne et qu'il avait lui-même reçu la malle des mains du bagagiste.

Vingt minutes plus tard, le millionnaire était dans sa propre maison, frottant joyeusement son visage contre les angles vifs de sa femme. Il n'osait pas lui raconter ses visions, car Mme Meiser était sceptique, à sa manière. C'est elle qui lui a parlé de Fougas .

"Toute une histoire m'est arrivée", dit-elle. " Croiriez-vous que la police nous a écrit de Berlin pour savoir si notre oncle nous a laissé une momie, et quand et combien de temps nous l'avons gardé, et ce que nous en avons fait ? J'ai répondu, en disant la vérité : et ajoutant que le colonel Fougas était dans un si mauvais état et si endommagé par les acariens, que nous l'avons vendu pour des haillons. Quel intérêt la police peut-elle avoir à s'occuper de nos affaires ?

Meiser poussa un profond soupir.

"Parlons d'argent !" dit la dame. " Le président de la banque est venu me voir. Le million que vous lui avez demandé pour demain est prêt ; il sera remis sous votre signature. Il paraît qu'ils ont eu bien du mal à obtenir le montant. " en espèces. Si vous aviez voulu des traites sur Vienne ou sur Paris, vous les auriez mis à leur aise. Mais enfin ils ont fait ce que vous vouliez. Il n'y a pas d'autres nouvelles, sinon que Schmidt, le marchand, s'est suicidé. Il devait payer un billet de dix mille thalers et n'avait pas la moitié de la somme sous la main. Il est venu me demander de l'argent, je lui ai proposé dix mille thalers, à vingt-cinq pour cent, payables en quatre-vingt-dix jours. , avec une première hypothèque sur tous ses biens immobiliers. Le fou a préféré se pendre dans sa boutique. Chacun à son goût!"

"Est-ce qu'il s'est pendu très haut ?"

"Je n'en sais rien. Pourquoi ?"

— Parce qu'on peut avoir un bout de corde à bon marché, et qu'on en a bien besoin, ma pauvre Catherine ! Ce colonel Fougas m'a fait frissonner.

" Encore quelques idées ! Viens souper, mon amour. "

"Allez!"

L'angulaire Baucis conduisit son Philémon dans une grande et belle salle à manger, où Berbel servit un repas digne des dieux. Soupe aux petites boulettes de pain anisé , boulettes de poisson sauce noire, boulettes de mouton farcies, boulettes de gibier, aigre-doux cuit au saindoux et garni de pommes de terre sautées, lièvre rôti à la gelée de groseilles, crabes diables, saumon de la Vistule, gelées , et tartes aux fruits. Six bouteilles de vin du Rhin, sélectionnées parmi les meilleurs crus, attendaient, dans leurs capsules d'argent, le baiser du maître. Mais le maître de toutes ces bonnes choses n'avait ni faim ni soif. Il mangeait par bouchées et bu par petites gorgées, s'attendant tout le temps à une grande consommation, à laquelle il n'avait pas à s'attendre. Un formidable coup de marteau retentit bientôt dans la maison.

Nicolas Meiser tremblait. Sa femme a essayé de le rassurer. "Ce n'est rien", dit-elle. "Le président de la banque m'a dit qu'il venait vous voir. Il propose de nous payer le change, si nous prenons du papier au lieu des espèces."

"C'est *une* question d'argent, bien sûr, comme le destin !" s'écria le brave homme. " L'enfer lui-même vient nous voir ! "

Au même instant, le domestique se précipitait dans la chambre en criant : « Oh, Monsieur ! Oh, Madame ! C'est le Français aux trois cercueils ! Jésus ! Marie, Mère de Dieu !

Fougas les salua et leur dit : « Ne vous dérangez pas, bonnes gens, je vous en prie. Nous avons une petite affaire à discuter ensemble, et je suis prêt à vous l'expliquer en deux mots. pressé, moi aussi ; tu n'as pas dîné, moi non plus ! »

Mme Meiser, plus rigide et plus émaciée qu'une statue du XIIIe siècle, ouvrait grande sa bouche édentée. La terreur la paralysait. L'homme, mieux préparé à la visite du fantôme, arma son revolver sous la table et visa le colonel en criant : « *Vade rétro, Satanas !* » L'exorcisme et le pistolet manquèrent le feu ensemble.

Meiser ne se décourage pas du tout : il lance les six barils l'un après l'autre sur le démon qui le regarde faire. Pas un seul n'a explosé.

« À quel jeu diabolique jouez-vous ? dit le colonel en s'asseyant à califourchon sur une chaise. "Les gens n'ont pas l'habitude de recevoir la visite d'un honnête homme avec cette cérémonie !"

Meiser jeta son revolver et rampa comme une bête aux pieds de Fougas . Sa femme, qui n'était pas du tout plus tranquille, le suivit. Ils se donnèrent la main et le gros homme s'écria :

"Esprit ! J'avoue mes méfaits, et je suis prêt à les réparer. J'ai péché contre toi ; j'ai violé les ordres de mon oncle. Que veux-tu ? Que commandes-tu ?

Un tombeau ? Un monument magnifique ? Des prières ? Des prières sans fin ?

"Idiot!" dit Fougas en le repoussant du pied ; "Je ne suis pas un esprit et je ne veux rien d'autre que l'argent que vous m'avez volé !"

Meiser continuait de rouler sur le sol ; mais sa maigre femme était déjà debout, les poings sur les hanches, face à Fougas .

"Argent!" s'écria-t-elle, "Mais nous ne vous devons rien ! Avez-vous des documents ? Montrez-nous simplement notre signature ! Où serait-on, Dieu Juste ! s'il fallait donner de l'argent à tous les aventuriers qui se présentent ? Et dans le premier endroit, de quel droit t'es-tu introduit dans notre demeure, si tu n'es pas un esprit ? Ah ! tu es un homme comme les autres ! Ha ! ha ! Tu n'es donc pas un fantôme ! Très bien, monsieur ; il y a des juges à Berlin ; il y en a aussi à la campagne, et nous verrons bientôt si vous allez toucher à notre argent ! Montez là-haut, espèce de gros imbécile ; ce n'est qu'un homme ! Et vous, Monsieur Fantôme, sortez d'ici ! Allez-y !"

Le colonel n'a pas bougé de plus d'un rocher.

" Le diable est dans la langue des femmes ! Assieds-toi, vieille dame, et éloigne tes mains de mes yeux, elles me dérangent. Et toi, grosse tête, monte sur ta chaise et écoute-moi. Il sera temps. assez pour intenter une action en justice si nous ne parvenons pas à nous entendre. Mais le papier timbré pue dans mes narines ; et c'est pourquoi je préfère m'installer paisiblement.

Herr et Frau Meiser réprimèrent leur première émotion. Ils se méfiaient des magistrats, comme tous les gens sans bonne conscience. Si le colonel était un pauvre diable qu'on pouvait rebuter avec quelques thalers, il vaudrait mieux éviter les poursuites judiciaires.

Fougas leur a exposé le cas avec une entière franchise militaire. Il prouva l'existence de son droit, déclara qu'il avait fait constater son identité à Fontainebleau, Paris et Berlin ; il citait de mémoire deux ou trois passages du testament, et terminait en déclarant que le gouvernement prussien, de concert avec celui de la France, soutiendrait ses justes prétentions s'il le fallait.

" Vous comprenez bien, " dit-il en saisissant Meiser par le bouton de son habit, " que je ne suis pas un renard, ça dépend de ma ruse. Si vous aviez un poignet assez vigoureux pour manier un bon sabre , nous nous affronterions les uns contre les autres. autre, et je vous jouerais pour le montant, deux premières coupes sur trois, aussi sûrement que c'est de la soupe devant vous !

— Heureusement, monsieur, dit Meiser, mon âge me met à l'abri de toute brutalité. Vous ne voudriez pas fouler aux pieds le cadavre d'un vieillard !

"Vénérable scélérat ! Mais vous m'auriez tué comme un chien, si votre pistolet n'avait pas raté le feu !"

" Il n'était pas chargé, monsieur le colonel ! Il n'était pas... presque chargé ! Mais je suis un homme accommodant, et on s'entend très facilement. Je ne vous dois rien, et d'ailleurs il y a une prescription ; mais après tout... combien veux-tu ?

"Il a eu son mot à dire : maintenant c'est mon tour !"

La compagne du vieux coquin adoucit le ton de sa voix. Imaginez-vous une scie léchant un arbre avant de mordre dedans.

" Écoutez, Claus, ma chère, écoutez ce que dit M. le colonel Fougas . Vous verrez qu'il est raisonnable ! Ce n'est pas dans lui de penser à ruiner de pauvres gens comme nous. Oh ! mon Dieu ! il n'en est pas capable Un homme si désintéressé ! Un officier digne du grand Napoléon (Dieu reçoive son âme !).

"Ça suffit, vieille dame !" dit Fougas avec un geste sec qui coupa le discours au milieu. « J'ai fait estimer à Berlin ce qui m'est dû, principal et intérêts.

"Intérêt!" s'écria Meiser. " Mais dans quel pays, sous quelle latitude, on paie des intérêts sur l'argent ? Peut-être que cela arrive parfois dans les affaires, mais entre amis... jamais, non jamais, mon bon monsieur colonel ! Que dirait mon bon oncle, qui regarde maintenant du ciel, disons, s'il savait que vous réclamiez des intérêts sur son legs ?

"Maintenant, tais-toi, Nickle!" interrompit sa femme. "Monsieur colonel est sur le point de vous dire lui-même qu'il n'entendait pas être compris en parlant de l'intérêt."

"Pourquoi, au nom des grands canons, ne vous taisez-vous pas tous les deux, confondantes pies ? Ici, je meurs de faim, et je n'ai pas non plus apporté mon dernier verre pour aller me coucher ici !—— - Maintenant, voici le résultat. " Vous me devez beaucoup, mais ce n'est pas une somme égale, il y a des fractions et je fais des transactions propres. D'ailleurs, mes goûts sont modestes. J'en ai assez pour ma femme et moi ; rien. il faut bien plus que subvenir aux besoins de mon fils ! »

"Très bien", s'écria Meiser; "Je me charge de l'éducation du petit bonhomme !"

« Or, depuis une douzaine de jours que je suis redevenu citoyen du monde, il est un mot que j'ai entendu prononcer partout. A Paris comme à Berlin, on ne parle plus que de millions ; il n'y a plus de millions. on ne parle plus d'autre chose, et tout le monde parle de millions. A force d' en entendre parler, j'ai acquis la curiosité de savoir ce que c'est. Allez me chercher un million, et je vous donnerai quittance. !"

Si vous voulez vous faire une idée approximative des cris perçants qui lui répondaient, rendez-vous au *Jardin des Plantes* à l'heure du petit-déjeuner des rapaces, et essayez d'arracher la viande de leur bec. Fougas se bouchait les oreilles et restait inexorable. Prières, disputes, fausses déclarations, flatteries, grimaces , jaillirent de lui comme la pluie tombant d'un toit de zinc. Mais à dix heures du soir, après avoir conclu que tout accord était impossible, il prit son chapeau :

"Bonne soirée!" a-t-il dit. " Ce n'est plus un million qu'il me faut, mais deux millions , et tout. Nous allons intenter un procès. Je vais souper. "

Il était dans l'escalier lorsque Mme Meiser dit à son mari :

"Rappelez-le et donnez-lui son million !"

"Êtes-vous un imbécile?"

"N'aie pas peur."

"Je ne pourrai jamais le faire!"

"Père au ciel ! que sont les imbéciles que sont les hommes ! Monsieur ! Monsieur Fougas ! Monsieur le colonel Fougas ! Remontez, je vous en prie ! Nous consentons à tout ce que vous demandez !"

"Damnation!" dit-il en rentrant ; "Tu aurais dû te décider plus tôt. Mais après tout, voyons l'argent !"

Mme Meiser lui expliqua de sa voix la plus tendre que les pauvres capitalistes comme eux n'avaient pas l'habitude de garder des millions sous leur propre clé.

"Mais vous ne perdrez rien en attendant, mon doux monsieur ! Demain, vous manipulerez la somme en bel argent blanc ; mon mari vous signera un chèque sur la Banque Royale de Dantzic ."

"Mais...", dit le malheureux Meiser. Il signa néanmoins, car il avait une confiance illimitée dans l'ingéniosité pratique de Catherine. La vieille dame pria Fougas de s'asseoir au bout de la table et lui dicta une quittance de deux millions , en paiement de toutes les créances. On peut compter qu'elle n'a pas oublié un mot des formules légales et qu'elle a réglé l'affaire en bonne et due forme, selon le code prussien. Le reçu, entièrement écrit de la main du colonel, remplissait trois grandes pages.

Il signa l'instrument avec panache et reçut en échange la signature de Nicolas, qu'il connaissait bien.

"Eh bien," dit-il au vieux monsieur, "vous n'êtes certainement pas aussi arabe qu'on le prétendait à Berlin. Serrez la main, vieux coquin ! Je ne serre la main qu'à des gens honnêtes ; mais d'une manière générale, dans une occasion comme celle-ci, on peut faire un petit quelque chose en plus."

"Faites-le en double, Monsieur Fougas ", dit humblement Mme Meiser. « Ne voudriez-vous pas vous joindre à nous pour ce modeste souper ?

" Bon sang ! vieille dame, ce n'est pas une chose qui se refuse. Mon souper doit être froid à l'auberge de l'Horloge ; et vos viandes, fumant sur leurs réchauds, m'ont déjà causé plus d'une distraction. D'ailleurs. , voici quelques flûtes en verre jaune, sur lesquelles Fougas ne rechignera pas du tout à jouer un air."

La respectable Catherine fit poser une assiette supplémentaire et ordonna à Berbel d'aller se coucher. Le colonel plia le million du père Meiser, le roula soigneusement parmi une pile de billets de banque, et mit le tout dans le petit portefeuille que sa chère Clémentine lui avait envoyé.

L'horloge sonna onze heures.

A onze heures et demie, Fougas commençait à voir tout comme un nuage rose. Il fit l'éloge du vin du Rhin et remercia les Meiser pour leur hospitalité. A minuit, il les assura de sa plus haute estime. A midi et quart, il les embrassa. À midi et demi, il prononce un éloge funèbre de l'illustre John Meiser, son ami et bienfaiteur. Lorsqu'il apprit que John Meiser était mort dans cette maison, il versa un torrent de larmes. A une heure moins le quart, il prit un ton confidentiel et parla de son fils, qu'il allait rendre heureux, et de la fiancée qui l'attendait. Vers une heure, il dégusta un porto célèbre que Mme Meiser était allée elle-même rapporter de la cave. Vers une heure et demie, sa langue s'épaissit et ses yeux s'obscurcirent ; il lutta quelque temps contre l'ivresse et le sommeil, annonça qu'il allait décrire la campagne de Russie, murmura le nom de l' empereur et se glissa sous la table.

"Vous pouvez me croire, si vous voulez", dit Mme Meiser à son mari, "ce n'est pas un homme qui est entré dans notre maison, c'est le diable !"

"Le diable!"

« Sinon, vous aurais-je conseillé de lui donner un million ? J'ai entendu une voix me dire : 'Si vous n'obéissez pas au messager des puissances infernales, vous mourrez tous les deux cette nuit même.' C'est pour cela que je l'ai appelé en haut ... Ah ! si nous avions fait affaire avec un homme, je vous aurais dit de le contester en justice jusqu'à notre dernier centime.

"Comme tu veux ! Alors tu te moques toujours de mes visions ?"

"Pardonnez-moi, cher Claus, j'étais un imbécile !"

"Et j'ai conclu que je l'étais aussi."

"Pauvre innocent ! Peut-être pensiez-vous aussi que c'était le colonel Fougas ?"

"Certainement!"

" Comme s'il était possible de ressusciter un homme ! C'est un démon, vous dis-je, qui a pris la forme du Colonel, pour nous voler notre argent ! "

"Que peuvent faire les démons avec l'argent ?"

"Construisez des cathédrales, bien sûr!"

"Mais comment reconnaître le diable quand il est déguisé ?"

"D'abord par son pied fourchu, mais celui-ci a des bottes ; ensuite par son oreille coupée."

"Bah ! Et pourquoi ?"

"Parce que les oreilles du diable sont pointues et que, pour les arrondir, il faut qu'il les coupe."

Meiser passa la tête sous la table et poussa un cri d'horreur.

"C'est certainement le diable !" a-t-il dit. "Mais comment a-t-il pu s'endormir ?"

"Peut-être ne savais-tu pas qu'en revenant de la cave, je suis tombé dans ma chambre ? J'ai mis une goutte d'eau bénite dans le Port ; charme contre charme, et il est tombé."

"C'est magnifique ! Mais que ferons-nous de lui, maintenant que nous l'avons en notre pouvoir ?"

"Que fait-on des démons dans l'Écriture ? Le Sauveur les jette à la mer."

"La mer est loin d'ici."

"Mais, gros bébé, les puits publics sont juste à côté !"

— Et que dira-t-on demain, quand le corps sera retrouvé ?

"Rien du tout ne sera trouvé ; et même le chèque que nous avons signé sera transformé en amadou."

Dix minutes plus tard, M. et Mme Meiser transportaient quelque chose vers les puits publics, et bientôt dame Catherine murmura, *à voix basse* , l'incantation suivante :

" Démon, enfant de l'enfer, sois maudit !

« Démon, enfant de l'enfer, sois précipité à toute allure !

"Démon, enfant de l'enfer, retourne en enfer !"

Un bruit sourd, celui d'un corps tombant dans l'eau, termina la cérémonie, et les deux époux rentrèrent à leur domicile avec la satisfaction qui suit toujours l'accomplissement d'un devoir.

Nicolas se dit :

"Je ne pensais pas qu'elle était si crédule !"

"Je ne pensais pas qu'il était si simple !" pensa la digne Kettle, épouse de Claus.

Ils dormirent du sommeil de l'innocence. Oh, comme leurs oreillers auraient semblé moins moelleux, si Fougas était rentré chez lui avec son million !

Le lendemain matin, à dix heures, pendant qu'ils prenaient leur café et leurs petits pains beurrés, le président de la banque les appela et leur dit :

" Je vous suis bien reconnaissant d'avoir accepté une traite sur Paris au lieu d'un million en espèces, et sans prime en plus. Ce jeune Français que vous nous avez envoyé est un peu brusque, mais très vif et un bon garçon. "

CHAPITRE XVIII.

LE COLONEL TENTE DE SE SOULAGER D'UN MILLION QUI L'ENCOMBRE.

Fougas avait quitté Paris pour Berlin le lendemain de son audience. Il mit trois jours pour faire le voyage, car il s'arrêta quelque temps à Nancy. Le maréchal lui avait remis une lettre d'introduction au préfet de Meurthe, qui le reçut très poliment et lui promit de l'aider dans ses investigations. Malheureusement, la maison où il avait aimé Clémentine Pichon n'existait plus. Les autorités l'avaient démoli en 1827, en perçant une rue. Il est certain que les commissaires n'avaient pas démoli la famille avec la maison, mais une difficulté nouvelle se présenta tout à coup : le nom de Pichon abondait dans la ville, dans la banlieue et dans le département. Parmi cette multitude de Pichons , Fougas ne savait lequel serrer dans ses bras. Fatigué de chasser et désireux de se hâter sur le chemin de la fortune, il laissa ce billet au commissaire de police :

"Recherchez, sur les registres des statistiques personnelles et ailleurs, une jeune fille nommée Clémentine Pichon. Elle avait dix-huit ans en 1813; ses parents tenaient une pension d'officiers. Si elle est vivante, obtenez son adresse; si elle est morte, cherchez ses héritiers. Le bonheur d'un père en dépend !

En arrivant à Berlin, le colonel constata que sa réputation l'avait précédé. La note du ministre de la Guerre avait été envoyée au gouvernement prussien par l'intermédiaire de la légation française ; Léon Renault, malgré son chagrin, avait trouvé le temps d'écrire un mot au docteur Hirtz ; les journaux avaient commencé à parler et les sociétés scientifiques à s'agiter. Le prince régent même n'avait pas dédaigné de demander des renseignements à ce sujet à son médecin. L'Allemagne est un drôle de pays où la science intéresse jusqu'aux princes.

Fougas , qui avait lu la lettre du docteur Hirtz annexée au testament de M. Meiser, pensait devoir quelques remerciements à cet excellent monsieur. Il lui fit appel et l'embrassa, l'appelant l'oracle d'Épidaure. Le médecin s'empara aussitôt de lui, fit apporter ses bagages de l'hôtel et lui donna la meilleure chambre de sa maison. Jusqu'au 29 du mois, le colonel fut soigné comme un ami et exposé comme un phénomène. Sept photographes se disputaient la possession d'un modèle si précieux. Les villes de Grèce n'ont rien fait de plus pour notre pauvre vieil Homère. Son Altesse Royale le Prince Régent a souhaité le voir *in propriâ personâ* , et supplia Herr Hirtz de l'amener au palais. Fougas se gratta un peu l'oreille et laissa entendre qu'un soldat ne devait pas fréquenter l'ennemi, semblant se croire encore en 1813.

Le prince est un soldat distingué, ayant commandé en personne le fameux siège de Rastadt . Il prenait plaisir à la conversation de Fougas ; la simplicité héroïque du jeune soldat d'antan le charmait. Il lui fit d'immenses compliments et dit que l'Empereur de France était bien heureux d'avoir autour de lui des officiers de tant de mérite.

"Il n'en a pas beaucoup", répondit le colonel. " S'il n'y avait que quatre ou cinq cents exemplaires de mon sceau , votre Europe aurait été mise en sac depuis longtemps ! "

Cette réponse parut plus amusante que menaçante, et aucun ajout ne fut immédiatement apporté à la partie disponible de l'armée prussienne.

Son Altesse Royale fit savoir directement à Fougas que son indemnité avait été fixée à deux cent cinquante mille francs, et qu'il pourrait en recevoir la somme au trésor quand il lui conviendrait.

« Monseigneur, répondit-il, il est toujours agréable d'empocher l'argent d'un ennemi, d'un étranger. Mais attendez ! Je ne suis pas le censeur de Plutus : rendez-moi le Rhin et la Posen, et je vous le rendrai. vous laisse vos deux cent cinquante mille francs.

"Rêvez-vous?" dit le prince en riant. "Le Rhin et Posen !"

« Le Rhin appartient à la France, et la Posen à la Pologne, bien plus légitimement que cet argent à moi. Mais il en est ainsi des grands seigneurs : ils se font un devoir de payer les petites dettes, et un point d'honneur d'ignorer les grandes ! "

Le prince grimaça un peu et tous les visages de la cour eurent un tic sympathique. On découvrit que M. Fougas avait fait preuve de mauvais goût en laissant tomber une miette de vérité dans une grande assiette de folies.

Mais une jolie petite baronne viennoise, qui était présente à la présentation, était bien plus charmée de son apparence que scandalisée par ses propos. Les dames de Vienne se sont fait une réputation d'hospitalité qu'elles s'efforcent toujours de maintenir, même lorsqu'elles sont loin de leur pays natal.

La baronne de Marcomarcus avait encore une autre raison pour s'emparer du colonel : depuis deux ou trois ans, elle constituait naturellement une collection photographique d'hommes célèbres. Son album était peuplé de généraux, d'hommes d'État, de philosophes et de pianistes, qui lui avaient offert leurs portraits, après avoir écrit au dos : « Avec respect pour… ». On y trouvait plusieurs prélats romains, et même un célèbre cardinal. ; mais il manquait encore un envoyé plus direct de l'autre monde. Elle écrivit alors à Fougas un billet plein d'impatience et de curiosité, l'invitant à souper. Fougas , qui devait partir le lendemain pour Dantzic , prit une feuille de papier gaufrée d'un grand aigle et se mit à s'excuser poliment. Il craignait, âme délicate et chevaleresque, qu'une soirée de conversation et de jouissance en compagnie des plus belles femmes d'Allemagne ne soit une sorte d'infidélité morale au souvenir de Clémentine. Il chercha donc une formule d'adresse éligible et écrivit :

"Beauté trop indulgente, je——" La muse ne dicta rien de plus. Il n'était pas d'humeur à écrire. Il se sentait plutôt d'humeur à dîner. Ses scrupules se dispersèrent comme des nuages chassés par un vent vif du nord-est ; il enfila le surtout grenouille et porta lui-même sa réponse. C'était la première fois qu'il sortait dîner depuis sa réanimation. Il fit preuve d'un bon appétit et s'enivra modérément, mais pas autant que d'habitude. La baronne de Marcomarcus , étonnée de sa bonne humeur et de sa vivacité inépuisable, le garda aussi longtemps qu'elle le put. Et d'ailleurs elle disait à ses amis, en leur montrant le portrait du colonel : « Il ne faut que ces officiers français pour conquérir le monde !

Le lendemain, il emballa une malle en cuir noir qu'il avait achetée à Paris, tira son argent du trésor et partit pour Dantzic . Il s'est endormi dans les voitures parce qu'il était sorti dîner la veille. Un terrible ronflement le réveilla. Il chercha du regard le ronfleur et, ne le trouvant pas près de lui, ouvrit la porte du compartiment voisin (car les voitures allemandes sont beaucoup plus grandes que les françaises) et secoua un gros monsieur qui semblait avoir tout un orgue qui jouait dans sa personne. Dans l'une des gares, il a bu une bouteille de Marsala et mangé quelques dizaines de sandwichs, car le dîner de la veille semblait lui avoir creusé l'estomac. A Dantzic , il sauva sa malle noire des mains d'un énorme voleur de bagages qui tentait d'en prendre possession.

Il se rendit au meilleur hôtel de la ville, commanda son souper et courut chez Meiser. Ses amis de Berlin lui avaient raconté cette charmante famille. Il savait qu'il aurait affaire aux plus riches et aux plus avares des aiguiseurs : c'est pourquoi il prit ce ton cavalier qui a pu paraître étrange à plus d'un lecteur dans le chapitre précédent.

Malheureusement, il s'est laissé devenir un peu trop humain dès qu'il a eu son million en poche. La curiosité d'examiner les longues bouteilles jaunes jusqu'au fond faillit lui faire un vilain tour. Sa raison erra vers une heure du matin, si j'en crois le récit qu'il en fit lui-même. Il raconta qu'après avoir dit bonsoir aux excellentes personnes qui l'avaient si bien traité, il tomba dans un puits grand et profond, dont le rebord était à peine élevé au-dessus du niveau de la rue, et qui aurait dû au moins avoir un puits. lampe à côté. "Je suis arrivé" (c'est encore lui qui parle) "dans une eau très fraîche et d'un goût agréable. Après avoir nagé environ une minute ou deux, cherchant un endroit ferme pour m'accrocher, j'ai saisi une grosse corde et j'ai grimpé sans aucun problème à la surface de la terre, qui n'était pas à plus de quarante pieds. Cela ne demandait que des poignets et un peu d'adresse gymnastique, et ce n'était pas vraiment un exploit, de toute façon. En arrivant sur le trottoir, je me trouvai en présence d'une sorte de veilleur de nuit, qui braillait les heures dans la rue, et qui me demandait insolemment ce que je faisais là. Je le rouais pour son impudence, et ce doux exercice me faisait du bien, car il me mettait le sang. bien en circulation. Avant de regagner l'auberge, je m'arrêtai sous un réverbère, ouvris mon portefeuille, et vis avec plaisir que mon million n'était pas mouillé. Le cuir était épais et le fermoir ferme; d'ailleurs, j'avais enveloppé le chèque de M. Meiser dans une demi-douzaine de billets de cent francs, dans un rouleau gros comme un moine. Ce milieu l'avait conservé.

Cet examen fait, il rentra chez lui, se coucha et s'endormit les poings serrés. Le lendemain matin , il reçut, en se levant, les notes suivantes, qui lui venaient de la police de Nancy :

" Clémentine Pichon, âgée de dix-huit ans, fille mineure d'Auguste Pichon, hôtelier, et de Léonie Francelot , fut mariée, dans cette ville, le 11 janvier 1814, à Louis Antoine Langevin ; profession non précisée.

" Le nom de Langevin est aussi rare dans ce département, que le nom de Pichon est commun. A l'exception de l'honorable M. Victor Langevin, conseiller à la préfecture de Nancy, on ne connaît que Langevin (Pierre), habituellement appelé Pierrot, meunier dans la commune de Vergaville , canton de Dieuze .

Fougas sauta presque jusqu'au plafond en criant :

"J'ai un fils!"

Il appela l'hôtelier et lui dit :

" Faites ma facture et envoyez mes bagages au dépôt. Prenez mon billet pour Nancy ; je ne m'arrêterai pas en chemin. Voici deux cents francs avec lesquels je veux que vous buviez à la santé de mon fils ! Il est appelé Victor, comme moi ! Il est conseiller de la Préfecture ! J'aimerais mieux qu'il soit militaire ; mais tant pis ! Ah ! qu'on me montre d'abord le chemin de la banque ! Il faut que j'aille lui chercher un million ! "

Comme il n'y a pas de liaison directe entre Dantzic et Nancy, il fut obligé de s'arrêter à Berlin. M. Hirtz, qu'il rencontra par hasard, lui dit que les sociétés savantes de la ville préparaient un immense banquet en son honneur ; mais il a refusé positivement.

« Ce n'est pas, dit-il, que je méprise l'occasion de boire en bonne compagnie, mais la nature a parlé : sa voix m'entraîne ! La plus douce ivresse de tous les cœurs bien constitués est celle de l'amour paternel !

Pour préparer son cher enfant à la joie d'un retour si peu attendu, il enferma son million dans une enveloppe adressée à M. Victor Langevin, avec une longue lettre qui se terminait ainsi :

"La bénédiction d'un père est plus précieuse que tout l'or du monde !

" VICTOR FOUGAS ."

L'infidélité de Clémentine Pichon toucha un peu son *amour-propre* , mais il s'en consola bientôt.

« Au moins, pensa-t-il, je n'aurai pas à épouser une vieille femme, quand il y en a une jeune qui m'attend à Fontainebleau. Et puis, mon fils a un nom, et un nom très présentable. Fougas serait beaucoup mieux, mais Langevin n'est pas mauvais.

Il arriva le 2 septembre, à six heures du soir, dans cette grande et belle ville, mais un peu stupide, qui constitue le Versailles de Lorraine. Son cœur battait à éclater. Pour récupérer ses énergies, il prit un bon dîner. Le propriétaire, catéchisé au dessert, lui fit les meilleurs récits de M. Victor Langevin : un homme encore jeune, marié depuis six ans, père d'un garçon et d'une fille, respecté dans le quartier et prospère dans ses affaires. .

"J'en étais sûr !" dit Fougas .

Il versa une dose d'une certaine eau de kirsch de la Forêt-Noire, qu'il jugeait délicieuse avec ses macaronis .

Le soir même, M. Langevin raconta à sa femme comment, en revenant du club, à dix heures, il avait été brutalement abordé par un homme ivre. Il le prit d'abord pour un voleur et se prépara à se défendre ; mais l'homme se contenta de l'embrasser, puis s'enfuit de toutes ses forces. Ce singulier accident jeta les deux époux dans une série de conjectures moins probables les unes que les autres. Mais comme ils étaient tous deux jeunes et mariés depuis à peine sept ans, ils changèrent bientôt de sujet.

Le lendemain matin, Fougas , chargé comme un cul de meunier de bonbons, se présenta chez M. Langevin . Pour accueillir ses deux petits-enfants, il avait parcouru la boutique du célèbre Lebègue , le Boissier de Nancy. La servante qui lui ouvrit la porte lui demanda s'il était le gentleman qu'attendait son maître.

"Bien!" a-t-il dit; "ma lettre est arrivée?"

"Oui, monsieur ; hier matin. Et vos bagages ?"

"Je l'ai laissé à l'hôtel."

"Monsieur ne s'en contentera pas. Votre chambre est prête, en haut ."

"Merci ! merci ! merci ! Prends ce billet de cent francs pour la bonne nouvelle."

" Oh ! monsieur ! ça ne valait pas tant que ça. "

"Mais où est-il ? Je veux le voir... l'embrasser... lui dire..."

— Il s'habille, monsieur, et madame aussi.

« Et les enfants, mes chers petits-enfants ?

"Si vous voulez les voir, ils sont ici, dans la salle à manger."

"Si je veux ! Ouvre la porte tout de suite !"

Il découvrit que le petit garçon lui ressemblait et fut ravi de le voir en tenue d'artilleur jouant avec un sabre . Ses poches furent bientôt vidées sur le sol ; et les deux enfants, à la vue de tant de bonnes choses, se pendirent à son cou.

"Ô philosophes !" s'écria le colonel, oserez-vous nier l'existence de la voix de la nature ?

Une jolie petite dame (toutes les jeunes femmes sont jolies à Nancy) accourut aux cris joyeux de la petite couvée.

"Ma belle-fille !" s'écria Fougas en ouvrant les bras.

La maîtresse de maison recula modestement et dit avec un léger sourire :

" Vous vous trompez, monsieur ; je ne suis pas votre belle-fille ; [9] je suis Mme Langevin. "

"Quel imbécile je suis !" pensa le Colonel. " Ici, j'allais raconter nos secrets de famille devant ces enfants. Attention à vos manières, Fougas ! Vous êtes dans le beau monde, où l'ardeur des sentiments les plus doux se cache sous le masque glacial de l'indifférence. "

"Asseyez-vous", dit Mme. Langevin. "J'espère que vous avez fait un agréable voyage ?"

"Oui, madame. Seule la vapeur me semblait trop lente !"

"Je ne savais pas que tu étais si pressé d'arriver ici."

"Alors tu n'as pas compris que j'étais vraiment brûlant d'être avec toi ?"

"Je suis heureux de l'entendre ; c'est une preuve que la raison et l'affection familiale se font enfin entendre."

« Était-ce ma faute si les liens familiaux ne se sont pas effectivement manifestés plus tôt ?

"Eh bien, après tout, l'essentiel est que vous les ayez écoutés. Nous nous efforcerons d'éviter que vous trouviez Nancy inintéressante."

"Comment le pourrais-je, puisque je dois vivre avec toi ?"

"Merci ! Notre maison sera la vôtre. Essayez de vous imaginer entièrement chez vous."

— En imagination et en affection aussi, madame.

"Et tu ne penseras plus à Paris ?"

" Paris ! — - Je ne m'en soucie pas plus que de la fin du monde ! "

"Je vous préviens, les gens n'ont pas l'habitude de se battre en duel ici."

"Quoi ? Tu sais déjà———"

"Nous savons tout, jusqu'à l'histoire de ce fameux souper avec ces dames un peu volatiles."

"Comment diable avez-vous entendu parler de cela ? Mais cette fois-là, croyez-moi, j'étais très excusable."

M. Langevin parut ici, fraîchement rasé et rubiconde, un bel exemplaire du sous-préfet en embryon.

" C'est merveilleux, pensa Fougas , comme toute notre famille supporte bien ses années ! On n'appellerait pas ce type-là plus de trente-cinq ans, et il en a quarante-six s'il est un jour. Il ne me ressemble pas du tout, à propos, il tient de sa mère !"

"Mon cher!" dit Mme. Langevin, "voilà un sujet difficile, qui promet d'être plus sage à l'avenir".

"De rien, jeune homme !" dit le Conseiller en tendant la main à Fougas .

Cet accueil parut froid à notre pauvre héros. Il avait rêvé d'une pluie de baisers et de larmes, et ici ses enfants se contentèrent de lui tendre la main.

" Mon chi... monsieur, dit-il à Langevin, il manque encore une personne pour achever nos retrouvailles. Quelques torts mutuels et ceux aplanis par le temps ne doivent pas élever entre nous une barrière infranchissable. Puis-je oser demander la faveur d'être présenté à ta mère ?

M. Langevin et sa femme ouvrirent les yeux avec étonnement.

"Comment, monsieur ?" dit le mari. "La vie parisienne a dû affecter ta mémoire. Ma pauvre mère n'est plus. Il y a maintenant trois ans que nous l'avons perdue !"

Le bon Fougas fondit en larmes.

"Pardonne-moi!" a-t-il dit; "Je ne le savais pas. Pauvre femme !"

"Je ne te comprends pas ! Tu connaissais ma mère ?"

"Ingrat!"

"Eh bien, tu es un drôle de garçon ! Mais tes parents ont été invités à l'enterrement, n'est-ce pas ?"

"De quels parents ?"

"Votre père et votre mère!"

"Eh ! Qu'est-ce que tu me dis ? Ma mère était morte avant la naissance de la tienne !"

"Ta mère est morte ?"

"Oui, certainement ; en 89 !"

"Quoi ! Ce n'est pas ta mère qui t'a envoyé ici ?"

"Monstre ! C'est mon cœur paternel qui m'a amené !"

" Cœur de père ?... Eh bien, alors tu n'es pas le jeune Jamin, qui a découpé des didones dans la capitale et qui a été envoyé à Nancy pour faire l'Ecole d'Agriculture ?"

Le Colonel répondit avec la voix de Jupiter tonans :

"Je m'appelle Fougas !"

"Très bien!"

"Si la nature ne te dit rien en ma faveur, fils ingrat, interroge l'esprit de ta mère !"

« Sur mon âme, monsieur, s'écria le conseiller, nous pouvons jouer à contre-courant pendant un bon moment ! Asseyez-vous là, s'il vous plaît, et dites-moi vos affaires... Marie, emmenez les enfants.

Fougas n'avait pas besoin d'être poussé. Il détailla le roman de sa vie, sans rien omettre, mais avec bien des touches délicates pour les oreilles filiales de M. Langevin. Le Conseiller l'écouta patiemment, avec une apparence de parfait désintéressement.

« Monsieur, dit-il enfin, je vous ai d'abord pris pour un fou ; mais maintenant je me souviens que les journaux ont contenu quelques bribes de votre histoire, et je vois que vous êtes victime d'une erreur. Je ne le suis pas. " J'avais quarante-six ans, mais trente-quatre. Ma mère ne s'appelait pas Clémentine Pichon, mais Marie Herval . Elle n'était pas née à Nancy, mais à

Vannes, et elle n'avait que sept ans en 1813. Néanmoins, je suis heureux de faire votre connaissance."

"Ah ! tu n'es pas mon fils !" répondit Fougas avec colère. " Très bien ! Tant pis pour vous ! Personne ne semble vouloir d'un père du nom de Fougas ! Quant aux fils du nom de Langevin, il n'y a qu'à se baisser pour les ramasser. Je sais où en trouver un qui n'est pas un conseiller de préfecture, il est vrai, et qui ne met pas d'habit galonné pour aller à la messe, mais qui a un cœur honnête et simple, et qui s'appelle Pierre, tout comme moi ! Mais, je vous demande pardon , quand on montre la porte à messieurs, il faut au moins rendre ce qui leur appartient.

"Je ne vous empêche pas de ramasser les bonbons que mes enfants ont éparpillés sur le sol."

"Oui, je parle de bonbons en guise de vengeance ! Mon million, monsieur !"

"Quel million ?"

Le million de ton frère !—— - Non ! Le million qui appartient à celui qui n'est pas ton frère, au fils de Clémentine, mon cher et unique enfant, le seul descendant de ma race, Pierre Langevin, dit Pierrot, meunier à Vergaville ! "

"Mais je vous assure, monsieur, que je n'ai pas votre million, ni celui de qui que ce soit."

"Tu oses le nier, canaille, alors que je te l'ai envoyé par courrier, moi-même !"

"Peut-être que vous l'avez envoyé, mais je ne l'ai certainement pas reçu !"

"Aha ! Défendez-vous !"

Il se serra la gorge, et peut-être la France aurait-elle perdu ce jour-là un conseiller de préfecture, si la servante n'était pas entrée avec deux lettres à la main. Fougas reconnut sa propre écriture et le cachet de la poste de Berlin, déchira l'enveloppe et montra le chèque.

"Voici, dit-il, le million que je vous destinais, si vous aviez jugé bon d'être mon fils ! Maintenant, il est trop tard pour que vous vous rétractiez. La voix de la nature m'appelle à Vergaville ... Votre serviteur, monsieur !"

Le 4 septembre, Pierre Langevin, meunier à Vergaville , célébrait le mariage de Cadet Langevin, son deuxième fils. La famille du meunier était nombreuse, respectable et aisée. Il y avait d'abord le grand-père, un beau vieillard bien portant, qui prenait ses quatre repas par jour et soignait ses petits maux avec le vin de Bar ou de Thiaucourt . La grand-mère, Catharine, avait été jolie à son époque et un peu frivole ; mais elle expia par une surdité absolue le crime d'avoir écouté trop tendrement les galants. M. Pierre

Langevin, dit Pierrot, dit Gros Pierre, après avoir cherché fortune en Amérique (usage devenant assez général dans les campagnes), était revenu au village à peu près dans la condition de l'enfant Saint-Jean, et Dieu seul sait combien de plaisanteries ont été perpétrées sur sa malchance. Les Lorrains sont de terribles farceurs, et si vous n'êtes pas friands de plaisanteries personnelles, je vous déconseille de circuler dans leur quartier. Le gros Pierre, piqué jusqu'au vif et à moitié fou d'avoir épuisé son héritage, emprunta de l'argent à dix pour cent, acheta le moulin de Vergaville , travailla comme un cheval de labour dans les terres lourdes, remboursa son capital et les intérêts. La fortune, qui lui devait quelques compensations, lui donna *gratis pro Deo* , une demi-douzaine d'ouvriers superbes, six grands garçons, que sa femme lui présentait, un par an, aussi régulièrement qu'une horloge. Chaque année, neuf mois jour pour jour après la *fête* de Vergaville , Claudine (autrement dite Glaudine) en présentait une au baptême. Enfin , elle mourut après le sixième, après avoir mangé quatre énormes morceaux de *quiche* avant d'aller à l'église. Big Peter ne s'est pas remarié, ayant conclu qu'il avait suffisamment de travailleurs, et il a continué à accroître sa fortune. Mais, comme les plaisanteries debout durent longtemps dans les villages, les camarades du meunier lui parlaient encore de ces fameux millions qu'il n'avait pas ramenés d'Amérique, et Big Peter devenait tout rouge sous sa farine, comme il le faisait autrefois dans ses années précédentes. jours.

Le 4 septembre donc, il maria son second fils à une bonne et grande femme d' Altroff , qui avait des joues grasses et flamboyantes : c'est une sorte de beauté très affectée dans le pays. Le mariage eut lieu au moulin, car la mariée était orpheline de père et de mère, et vivait auparavant chez les religieuses de Molsheim.

Un messager vint dire à Pierre Langevin qu'un monsieur décoré avait quelque chose à lui dire, et Fougas apparut dans toute sa gloire. - Mon bon monsieur, dit le meunier, je suis loin d'être d'humeur à causer affaires, puisque nous venons de prendre une bonne gorgée de vin blanc avant la messe ; mais nous allons boire du vin rouge qui n'est pas mauvais du tout. , au dîner, et si le cœur vous le demande, ne soyez pas en arrière ! La table est longue. Nous pourrons discuter après. Vous ne dites pas non ? Alors c'est oui.

"Pour une fois," pensa Fougas , "je ne me trompe pas. C'est sûrement la voix de la nature ! J'aurais mieux aimé un soldat, mais ce génial rustique, si confortablement rond, satisfait mon cœur. Je ne peux lui en être redevable. beaucoup de satisfactions pour mon orgueil ; mais peu importe ! Je suis sûr de *sa* bonne volonté.

Le dîner fut servi, et la table plus chargée de viandes que l'estomac de Gargantua. Le Grand Pierre, aussi fier de sa grande famille que de sa petite fortune, fit attendre le colonel pendant qu'il énumérait ses enfants. Et Fougas était heureux d'apprendre qu'il avait six petits-enfants bienvenus.

Il était assis à la droite d'une petite vieille rabougrie qui lui était présentée comme la grand-mère des jeunes. Cieux! combien Clémentine lui paraissait changée. Hormis ses yeux encore vifs et pétillants, il n'y avait plus rien en elle de reconnaissable. « Voyez, pensa Fougas , comment j'aurais été aujourd'hui, si le digne John Meiser ne m'avait desséché ! Il souriait en pensant au grand-père Langevin, l'ancêtre réputé de cette nombreuse famille . « Pauvre vieux, murmura Fougas , tu ne penses pas à ce que tu me dois !

Ils dînent bruyamment lors des mariages de village. C'est un abus que, j'espère sincèrement, la civilisation ne réformera jamais. A l'abri du bruit, Fougas entra en conversation, ou crut converser, avec son voisin de gauche. « Clémentine ! » lui dit-il. Elle leva les yeux, et le nez aussi, et répondit :

"Oui, monsieur."

"Mon cœur ne m'a donc pas trompé ?... tu es bien ma Clémentine !"

"Oui, monsieur."

"Et tu m'as reconnue, femme noble et excellente !"

"Oui, monsieur."

"Mais comment as-tu si bien caché ton émotion ?—— Comme les femmes sont fortes !—-- Je tombe du ciel au milieu de ta paisible existence, et tu me vois sans bouger un muscle !"

"Oui, monsieur."

« M'avez-vous pardonné une blessure apparente dont le Destin seul est responsable ?

"Oui, monsieur."

" Merci ! Mille mercis ! —- - Quelle charmante famille vous avez ! Ce bon Pierre, qui a failli ouvrir les bras en me voyant approcher, est mon fils, n'est-ce pas ? "

"Oui, monsieur."

" Réjouissez-vous ! Il sera riche ! Il a déjà le bonheur ; je lui apporte la fortune. Sa part sera d'un million. Ô Clémentine ! quelle agitation il y aura dans cette simple assemblée, quand j'élèverai la voix et dirai à mon fils : "Tiens ! ce million est pour toi !" Est-ce le bon moment maintenant ? Dois-je parler ? Dois-je tout dire ?

"Oui, monsieur."

Fougas se leva aussitôt et demanda le silence. Les gens pensaient qu'il allait chanter une chanson et tous se taisaient.

« Pierre Langevin, dit-il avec emphase, je suis revenu de l'autre monde et je vous ai apporté un million.

Si Big Peter ne voulait pas se mettre en colère, il devenait au moins rouge, et la plaisanterie lui paraissait de mauvais goût. Mais lorsque Fougas annonça qu'il avait aimé la grand-mère dans sa jeunesse, le grand-père Langevin n'hésita plus à lui jeter une bouteille à la tête. Le fils du colonel, ses splendides petits-enfants et même la mariée se sont tous mis en colère et il y a eu en effet une très jolie mêlée.

Pour la première fois de sa vie, Fougas ne prend pas le dessus. Il avait peur de blesser certains membres de sa famille. L'affection paternelle lui enlevait les trois quarts de sa puissance.

Mais ayant appris dans la clameur que Clémentine s'appelait Catherine et que Pierre Langevin était né en 1810, il reprit l'offensive, se noircit trois yeux, se cassa un bras, écrasa deux nez, frappa quatre douzaines de dents, et remonta sa voiture de toutes ses forces. les honneurs de la guerre.

"Le diable prend les enfants !" dit-il en montant en chaise de poste vers la gare d'Avricourt . "Si j'ai un fils, j'aimerais qu'il me trouve !"

CHAPITRE XIX.

IL CHERCHE ET ACCORDE LA MAIN DE CLÉMENTINE.

Le 5 septembre, à dix heures du matin, Léon Renault, émacié, abattu et à peine reconnaissable, était aux pieds de Clémentine Sambucco dans le salon de sa tante. Il y avait des fleurs sur la cheminée et des fleurs dans tous les vases. Deux grands rayons de soleil brisèrent les fenêtres ouvertes. Un million de petits atomes bleuâtres jouaient dans la lumière, se croisaient et se mélangeaient fantastiquement, comme les idées d'un volume de M. Alfred Houssaye . Dans le jardin, les pommes tombaient, les pêches étaient mûres, les frelons creusaient des sillons larges et profonds dans les poires *duchesses* ; les trompettes et les clématites étaient en fleurs, et pour couronner le tout, une grande masse d'héliotropes, dressée au-dessus de la fenêtre de gauche, fleurissait dans toute sa beauté. Le soleil avait donné à tous les raisins de la tonnelle une teinte de bronze doré ; et le grand Yucca sur la pelouse, secoué par le vent comme un chapeau chinois, faisait tinter sans bruit ses clochettes d'argent. Mais le fils de M. Renault était plus pâle et plus hagard que les rameaux de lilas blancs, plus flétri que les feuilles du vieux cerisier ; son cœur était sans joie et sans espoir, comme les groseilliers sans feuilles et sans fruits !

Être exilé de sa terre natale, avoir vécu trois ans dans un climat inhospitalier, avoir passé tant de jours dans des mines profondes, tant de nuits devant un poêle en terre cuite au milieu d'une infinité d'insectes et d'une multiplicité de serfs, et se voir réservé à un colonel de vingt-cinq louis qu'il avait lui-même animé en le trempant dans l'eau !

Tous les hommes sont sujets aux déceptions, mais sûrement jamais on n'avait rencontré un malheur aussi imprévu et aussi extraordinaire. Léon savait que la Terre n'est pas une vallée où coulent le chocolat et la soupe *à la reine* . Il connaissait la liste des malheureux célèbres, commençant par Abel tué dans le jardin du Paradis, et finissant par Rubens assassiné dans la galerie du Louvre à Paris. Mais l'histoire, qui nous instruit rarement, ne nous console jamais. Le pauvre ingénieur avait beau se répéter que mille autres avaient été supplantés la veille du mariage, et cent mille le lendemain. La mélancolie était plus forte que la raison, et trois ou quatre mèches molles commençaient à blanchir autour de ses tempes.

« Clémentine ! » dit-il, je suis le plus misérable des hommes. En me refusant la main que vous m'avez promise, vous me condamnez à une agonie cent fois pire que la mort. Hélas ! Que voudriez-vous que je devienne sans vous ? Il faut que je vive seul, car je t'aime trop pour en épouser une autre. Depuis quatre longues années, toutes mes affections, toutes mes pensées sont centrées sur toi ; je me suis accoutumée à considérer les autres femmes comme des êtres inférieurs, indignes d'attirer l'intérêt d'un homme ! Je ne vous parlerai pas des efforts que j'ai faits pour vous mériter ; ils apportaient leur récompense en eux-mêmes, et j'étais déjà trop heureux de travailler et de souffrir pour vous. Mais voyez la misère dans laquelle m'a laissé votre désertion ! Un marin jeté sur une île déserte a moins à déplorer que moi : je serai obligé d'habiter près de chez vous, d'être témoin du bonheur d'un autre, de vous voir passer mes fenêtres au bras de mon rival ! Ah ! la mort serait plus supportable que cette constante agonie... Mais je n'ai même pas le droit de mourir ! Mes pauvres vieux parents ont déjà assez de chagrins . Qu'est-ce que ce serait, Grand Dieu ! si je les condamnais à supporter la perte de leur fils ?

Cette plainte, ponctuée de soupirs et de larmes, a lacéré le cœur de Clémentine. La pauvre enfant pleurait aussi, car elle aimait Léon de toute son âme, mais il lui était défendu de le lui dire. Plus d'une fois, en le voyant à demi mourant devant elle, elle fut tentée de lui jeter les bras autour du cou, mais le souvenir de Fougas paralysa tous ses tendres élans.

" Mon pauvre ami, dit-elle, tu me juges bien à tort si tu me crois insensible à tes souffrances. Je te connais bien, Léon, et cela aussi depuis mon enfance même. Je sais tout ce qu'il y a en toi de dévouement. , délicatesse et vertus précieuses et nobles. Depuis le temps où vous me portiez dans vos bras vers les pauvres, et où vous me mettiez un sou dans la main pour m'apprendre à faire l'aumône, je n'ai jamais entendu parler de bienveillance sans penser involontairement à vous. Quand tu as fouetté un garçon deux fois plus grand pour m'avoir enlevé ma poupée, je sentais que le courage était noble et qu'une femme serait heureuse de pouvoir s'appuyer sur un homme courageux. Tout ce que je t'ai vu faire depuis ce temps-là n'a fait que " J'ai redoublé mon estime et ma sympathie. Croyez-moi que ce n'est ni par méchanceté ni par ingratitude que je vous fais souffrir maintenant. Hélas ! Je ne m'appartiens plus , je suis sous un contrôle extérieur ; je suis comme ces automates qui se meuvent sans savoir pourquoi. Oui, je ressens en moi une impulsion plus puissante que ma maîtrise de soi , et c'est la volonté d'un autre qui me guide."

" Si j'étais sûr que vous serez heureux ! Mais non ! Cet homme devant lequel vous m'immolez ne connaîtra jamais la valeur d'une âme aussi délicate que la vôtre. C'est une brute, un bretteur, un ivrogne. ".

"Je t'en supplie, Léon, souviens-toi qu'il a droit à mon respect sans réserve !"

" Respect ! Pour lui ! Et pourquoi ? Je vous demande, au nom du Ciel, qu'est-ce que vous trouvez respectable dans le caractère de Monsieur Fougas ? Son âge ? Il est plus jeune que moi. Ses talents ? Il ne les montre jamais qu'à table.

" Son éducation ? C'est beau ! Ses vertus ? *Je* sais ce qu'il faut penser de son raffinement et de sa gratitude ! "

"Je le respecte, Léon, depuis que je l'ai vu pour la première fois dans son cercueil. C'est un sentiment plus fort que tout ; je ne peux pas l'expliquer, je ne peux que m'y soumettre."

"Très bien ! Respectez-le autant qu'il vous plaira ! Cédez à la superstition qui vous enchaîne. Voyez en lui un être miraculeux, consacré, sauvé de l'emprise de la Mort pour accomplir quelque chose de grand sur terre ! Mais cela même, ô ma chère Clémentine. , est une barrière entre vous et lui ! Si Fougas est hors des conditions de l'humanité, s'il est un phénomène, un être à part, un héros, un demi-dieu, un fétiche, vous ne pouvez pas sérieusement songer à devenir sa femme. Quant à moi , je ne suis qu'un homme comme les autres, né pour travailler, pour souffrir et pour aimer. Je t'aime ! Aime-moi !"

"Scélérat!" s'écria Fougas en ouvrant la porte.

Clémentine poussa un cri, Léon se releva vivement, mais le colonel l'avait déjà saisi par la partie la plus pratique de son nankin, avant même qu'il ait eu le temps de penser à un seul mot de réponse. L'ingénieur fut soulevé, en équilibre comme un atome dans un rayon de soleil, et jeté au milieu même des héliotropes. Pauvre Léon ! Pauvres héliotropes !

En moins d'une seconde, le jeune homme était debout. Il épousseta ses genoux et ses coudes, s'approcha de la fenêtre et dit d'une voix calme mais résolue : « Monsieur le Colonel, je regrette sincèrement de vous avoir ramené à la vie, mais peut-être que la folie dont je me suis rendu coupable n'est pas irréparable. " J'espère avoir bientôt l'occasion de le savoir ! Quant à vous, Mademoiselle, je vous aime ! "

Le colonel haussa les épaules et se posa aux pieds de la jeune fille sur le coussin même qui portait encore l'empreinte laissée par Léon. Mlle. Virginie Sambucco , attirée par le bruit, descendit les escaliers comme une avalanche et entendit la conversation suivante.

" Idole d'une grande âme ! Fougas revient à toi comme l'aigle à son aire. J'ai longtemps parcouru le monde à la poursuite du rang, de la fortune et de la famille que je brûlais de déposer à tes pieds. La fortune m'a obéi comme un esclave : elle sait dans quelle école j'ai appris l'art de la contrôler. J'ai parcouru Paris et l'Allemagne comme un météore victorieux conduit par son étoile. Je me suis associé partout en égal aux puissances de la Terre, et j'ai fait résonner la trompette de la vérité dans J'ai mis le pied sur la gorge de l'avarice avide, et je lui ai arraché au moins une partie des trésors qu'il avait volés à un honneur trop confiant. Un seul bien m'est refusé : le fils que je J'espérais voir a échappé aux yeux de lynx de l'amour paternel. Je n'ai pas non plus trouvé l'ancien objet de mes premières affections. Mais qu'importe ? Je ne sentirai le manque de rien, si vous remplissez pour moi la place de tous. nous attendons maintenant ? Es-tu sourd à la voix du Bonheur qui t'appelle ? Allons au temple des lois, puis tu me suivras jusqu'au pied de l'autel ; un prêtre consacrera nos liens, et nous traverserons la vie en nous appuyant les uns sur les autres, j'aime le chêne qui soutient la faiblesse, toi comme le lierre gracieux qui orne l'emblème de la force. " [10]

Clémentine resta quelques instants sans répondre, comme abasourdie par la rhétorique véhémente du Colonel. « Monsieur Fougas , lui dit-elle, je vous ai toujours obéi, je vous promets de vous obéir toute ma vie. Si vous ne voulez pas que j'épouse le pauvre Léon, je renoncerai à lui. Je l'aime tendrement cependant, et un seul mot de sa part éveille plus d'émotion dans mon cœur que toutes les belles choses que vous m'avez dites.

"Bon très bon!" s'écria la tante . " Quant à moi, monsieur, quoique vous ne m'ayez jamais fait l'honneur de me consulter, je vous dirai mon opinion. Ma nièce n'est pas du tout la femme qui vous convient. Étiez-vous plus riche que M. de Rothschild et plus illustre que M. de Rothschild ? " Monsieur le duc de Malakoff, je ne conseillerais pas à Clémentine de vous épouser.

"Et pourquoi, chaste Minerve ?"

— Parce que vous l'aimeriez quinze jours, et qu'au premier coup de canon vous partiriez à la guerre ! Vous l'abandonneriez, monsieur, comme vous l'avez fait cette malheureuse Clémentine dont on nous a conté les malheurs !

"Zounds ! Dame Tante ! Je *vous conseille de lui* accorder votre pitié ! Trois mois après Leipzic , elle épousa un nommé Langevin à Nancy."

"Que dites-vous?"

— Je dis qu'elle a épousé un commissaire militaire nommé Langevin.

« À Nancy ?

"Dans cette même ville."

"Cela est étrange!

"C'est scandaleux !

« Mais cette femme, cette jeune fille, son nom ?

"Je te l'ai dit cent fois : Clémentine !"

« Clémentine quoi ?

"Clémentine Pichon."

" Bon Dieu ! Mes clés ! Où sont mes clés ? Je suis sûr de les avoir mises dans ma poche ! Clémentine Pichon ! M. Langevin ! C'est impossible ! Mes sens m'abandonnent ! Viens, mon enfant, bouge-toi ! Le bonheur de toute votre vie est concernée. Où *as* -tu fourré mes clés ? Ah ! Les voici !"

Fougas se pencha à l'oreille de Clémentine et dit :

"Est-elle sujette à ces attaques ? On croirait que la pauvre vieille a perdu la tête !"

Mais Virginie Sambucco avait déjà ouvert un petit secrétaire en palissandre. Son regard infaillible découvre dans un dossier de papiers, une feuille jaunie par l'âge.

"J'ai compris!" dit-elle avec un cri de joie. " Marie Clémentine Pichon, fille légitime d'August Pichon, hôtelier, *rue des Merlettes* , dans cette ville de Nancy ; mariée le 10 juin 1814 à Joseph Langevin, sous-commissaire militaire. Est-ce bien elle, Monsieur ? Osez le dire n'est-ce pas !"

"Eh bien ! Mais comment se fait-il que vous ayez mes papiers de famille ?"

" Pauvre Clémentine ! Et vous l'accusez d'infidélité ! Vous ne comprenez pas alors qu'on vous a pris pour mort ! Qu'elle se croyait veuve sans avoir été épouse ; que... "

"Tout va bien ! Tout va bien ! Je lui pardonne. Où est-elle ? Je veux la voir, l'embrasser, lui dire..."

" Elle est morte, monsieur ! Elle est morte trois mois après son mariage. "

"Ah ! Le Diable !"

"En donnant naissance à une fille—"

"Où est ma fille ? J'aurais préféré avoir un fils, mais tant pis ! Où est-elle ? Je veux la voir, l'embrasser, lui dire..."

" Hélas ! Elle n'est plus ! Mais je peux vous conduire à son tombeau. "

"Mais comment diable l'avez-vous connue ?"

"Parce qu'elle a épousé mon frère !"

"Sans mon consentement ? Mais tant pis ! Au moins, elle a laissé quelques enfants, n'est-ce pas ?"

"Seulement un."

"Un fils ! C'est mon petit-fils !"

"Une fille."

" Peu importe ! C'est ma petite-fille ! J'aurais préféré avoir un petit-fils, mais où est-elle ? Je veux la voir, l'embrasser, lui dire... "

" Embrassez-vous, Monsieur ! Elle s'appelle Clémentine : du nom de sa grand-mère, et la voilà ! "

"Elle ! Cela explique la ressemblance ! Mais alors je ne peux pas l'épouser ! Tant pis ! Clémentine ! Viens dans mes bras ! Embrasse ton grand-père !"

Le pauvre enfant n'avait pas pu comprendre entièrement cette conversation rapide, dont les événements tombaient comme des tuiles sur la tête du colonel. Elle avait toujours entendu parler de M. Langevin comme de son grand-père maternel, et maintenant elle semblait entendre que sa mère était la fille de Fougas . Mais elle savait dès les premiers mots qu'il ne lui était plus possible d'épouser le colonel et qu'elle épouserait bientôt Léon Renault. C'est donc dans un élan de joie et de gratitude qu'elle se jeta dans les bras du jeune vieillard.

" Ah ! monsieur ! " dit-elle, je t'ai toujours aimé et respecté comme un grand-père !

" Et moi, mon pauvre enfant, je me suis toujours comporté comme une vieille bête ! Tous les hommes sont des brutes, et toutes les femmes sont des anges. Tu devinais avec l'instinct délicat de ton sexe, que tu me devais du respect, et moi, imbécile que je Je n'ai rien deviné du tout ! Ouf ! Sans la vénérable Tante là, j'aurais fait un joli travail !"

"Non", dit la tante. "Vous auriez découvert la vérité en parcourant nos papiers familiaux."

" Que aurais-je pu les voir et rien de plus ! Dire que je suis parti chercher mes héritiers dans le département de la Meurthe, alors que j'avais laissé ma famille à Fontainebleau ! Imbécile ! Bah ! Mais tant pis. Clémentine ! Tu vas sois riche, tu épouseras l'homme que tu aimes ! Où est-il, le brave garçon ? Je veux le voir, l'embrasser, lui dire...

" Hélas, monsieur, vous venez de le jeter par la fenêtre. "

" Moi ? Attends, c'est *vrai* . J'avais tout oublié. Heureusement qu'il n'est pas blessé, et j'irai tout de suite réparer ma folie. Tu te marieras quand tu voudras ; les deux mariages viendront. Je ne me marierai pas maintenant ! Tout ira bien bientôt, mon enfant, ma chère petite-fille. Mademoiselle Sambucco , vous êtes une tante modèle ; embrassez-moi !

Il courut chez M. Renault, et Gothon , qui le vit arriver, accourut pour l'éloigner.

" N'as -tu pas honte, dit-elle, d'agir ainsi avec eux qui t'ont ressuscité ? Ah ! Si c'était à refaire ! Nous ne remettrions pas la maison sens dessus dessous pour la pour vos beaux yeux ! Madame pleure, Monsieur s'arrache les cheveux, M. Léon vient d'envoyer deux officiers vous traquer. Qu'avez-vous fait depuis le matin ?

Fougas lui fit tournoyer ses pieds et se retrouva face à face avec l'ingénieur. Léon avait entendu le bruit d'une querelle, et en voyant le colonel excité, les yeux brillants, il s'attendait à une agression brutale et n'attendit pas le premier coup. Une lutte eut lieu dans le passage, au milieu des cris de Gothon , de M. Renault et de la pauvre vieille qui criait : « Au meurtre ! Léon luttait, donnait des coups de pied et, de temps en temps, lançait un coup vigoureux dans le corps de son adversaire. Il dut néanmoins succomber ; le Colonel a fini par le renverser au sol et le maintenir là. Puis il l'embrassa sur les deux joues et lui dit :

" Ah ! vilain garçon ! Maintenant, je suis sûr que tu m'écouteras ! Je suis le grand-père de Clémentine, je te la donne en mariage, et tu pourras te marier demain si tu veux ! Veux-tu "Tu entends ? Maintenant, lève-toi, et ne me frappe plus au ventre. Ce serait presque un parricide !"

Mlle. Sambucco et Clémentine arrivèrent au milieu de la stupéfaction générale. On acheva le récit de Fougas , qui s'était assez mêlé à la généalogie. Les seconds de Léon parurent à leur tour. Ils n'avaient pas trouvé l'ennemi dans l'hôtel où il avait pris ses quartiers et venaient rendre compte de leur mission. Un tableau de bonheur parfait rencontra leur regard étonné et Léon les invita au mariage.

« Mes amis, dit Fougas , vous verrez la nature non trompée bénir les chaînes de l'Amour.

CHAPITRE XX.

UN COUP DE FOUDRE PROVENANT D'UN CIEL CLAIR.

"Mlle Virginie Sambucco a l'honneur de vous annoncer le mariage de Mlle Clémentine Sambucco , sa nièce, avec M. Léon Renault, ingénieur civil.

" M. et Mme Renault ont l'honneur de vous annoncer le mariage de M. Léon Renault, leur fils, avec Mlle Clémentine Sambucco ;

"Et vous invite à assister à la bénédiction nuptiale qui leur sera donnée le 11 septembre 1859, en l'église Saint Maxcence , dans leur paroisse, à onze heures précises."

Fougas insistait absolument pour que son nom figure sur les cartes. Ils eurent toutes les peines du monde pour le guérir de ce caprice. Mme. Renault lui a fait la leçon pendant deux heures entières. Elle lui dit qu'aux yeux de la société comme aux yeux de la loi, Clémentine était la petite-fille de M. Langevin ; qu'en outre M. Langevin avait agi très libéralement en légitimant par le mariage une fille qui n'était pas la sienne ; enfin, que la publication d'un tel secret de famille serait un outrage au caractère sacré de la tombe et ternirait la mémoire de la pauvre Clémentine Pichon. Le colonel répondit avec la chaleur d'un jeune homme et l'obstination d'un vieux :

" La nature a ses droits ; ils sont antérieurs aux conventions de la société, et mille fois plus élevés. L'honneur de celle que j'appelle mon Ægle , m'est plus cher que tous les trésors du monde, et je voudrais fendre l'âme de tout être téméraire qui tenterait de le ternir. En cédant à l'ardeur de mes vœux, elle n'a fait que se conformer à l'usage d'une grande époque où l'incertitude de la vie et l'existence constante de la guerre simplifiaient toutes les formalités. Je ne voudrais pas que mes petits-enfants, à naître, ignorent que la source de leur sang est dans les veines de Fougas . Votre Langevin n'est qu'un intrus qui s'est glissé en cachette dans ma famille. Un commissaire ! C'est presque un cantinier ! Je dédaigne. sous les pieds les cendres de Langevin ! »

Son obstination ne cédait pas aux arguments de Mme. Renault, mais il succombe aux instances de Clémentine. La jeune créole l'enroula autour de son doigt avec une grâce irrésistible.

"Mon bon Papy par ci, mon joli petit Papy par là ; mon vieux bébé de Papy , on t'enverra à l'université si tu n'es pas raisonnable !"

Elle s'asseyait familièrement sur les genoux de Fougas et lui faisait de petites caresses d'amour sur les joues. Le colonel prenait la voix la plus bourrue possible, puis son cœur débordait de tendresse et il pleurait comme un enfant.

Ces familiarités n'ajoutaient rien au bonheur de Léon Renault ; Je pense même qu'ils ont légèrement tempéré sa joie. Pourtant, il ne doutait certainement ni de l'amour de sa fiancée, ni de l'honneur de Fougas . Il fut forcé d'admettre qu'entre un grand-père et sa petite-fille, de si petites libertés sont naturelles et convenables et ne peuvent à juste titre offenser personne. Mais la situation était si nouvelle et si inhabituelle qu'il lui fallut un peu de temps pour s'y adapter et oublier son chagrin. Ce grand-père, pour lequel il avait payé cinq cents francs, à qui il avait cassé l'oreille, pour qui il avait acheté une sépulture au cimetière de Fontainebleau : cet ancêtre plus jeune que lui, qu'il avait vu ivre, qu'il avait trouvé agréable , puis dangereux, puis insupportable : ce vénérable chef de famille qui avait commencé par demander la main de Clémentine et fini par jeter son futur petit-fils dans les héliotropes, ne put obtenir d'un seul coup un respect sans mélange et une affection sans réserve.

M. et Mme. Renault exhortait leur fils à la soumission et à la déférence. Ils lui représentèrent M. Fougas comme un parent qui devait être traité avec considération.

"Quelques jours de patience !" dit la bonne mère. "Il ne restera pas longtemps avec nous ; c'est un soldat et il ne peut pas mieux vivre hors de l'armée qu'un poisson hors de l'eau."

Mais les parents de Léon gardaient au fond du cœur un souvenir amer de tant de douleurs et de mortifications. Fougas avait été le fléau de la famille ; les blessures qu'il avait faites ne pouvaient guérir en un jour. Même Gothon lui portait de la mauvaise volonté sans l'avouer. Elle poussa de grands soupirs en préparant les festivités du mariage chez Mlle. Celui de Sambucco .

" Ah ! mon pauvre Célestin ! " dit-elle à son acolyte. "Quel petit coquin de grand-père il va nous falloir, pour en être sûr !"

La seule personne parfaitement à l'aise était Fougas . Il avait passé l'éponge sur ses farces ; De tout le mal qu'il avait fait, il ne gardait aucune mauvaise volonté contre qui que ce soit . Très paternel avec Clémentine, très aimable avec M. et Mme. Renault, il témoignait pour Léon l'amitié la plus franche et la plus cordiale.

« Mon cher enfant, lui dit-il, je t'ai étudié , je te connais et je t'aime profondément ; tu mérites d'être heureux, et tu le seras. Tu le verras bientôt en m'achetant pour vingt-cinq ans. Napoléon, vous n'avez pas fait une mauvaise affaire. Si la gratitude était bannie de l'univers, elle trouverait une dernière demeure au cœur de Fougas !"

Trois jours avant le mariage, M. Bonnivet informa la famille que le colonel était venu dans son bureau pour demander une conférence sur le contrat. A peine avait-il posé les yeux sur la feuille de papier timbrée, que Rrrrip ! il était en morceaux dans la cheminée.

" Monsieur Gratte-Billets, dit-il, faites-moi l'honneur de recommencer votre *chef-d'œuvre* . La petite-fille de Fougas ne se marie pas avec une rente de huit mille francs. La Nature et l'Amitié lui donnent un million. Ici c'est!"

Alors il sortit de sa poche un chèque de banque d'un million, arpentait fièrement le cabinet en faisant grincer ses bottes, et jeta un billet de mille francs sur le bureau d'un employé en criant de sa voix la plus claire :

"Enfants de la Loi ! Voici de quoi boire à la santé de l'Empereur et de la Grande Armée !"

La famille Renault a vivement protesté contre cette libéralité. Clémentine, avertie par sa future, eut une longue discussion, en présence de Mlle. Sambucco , avec le jeune et terrible grand-père ; elle essaya de lui faire comprendre qu'il n'avait que vingt-quatre ans, qu'il se marierait un jour et que ses biens appartenaient à sa future famille.

« Je ne veux pas, dit-elle, que vos enfants m'accusent de les avoir volés. Gardez vos millions pour mes petits oncles et tantes !

Mais pour une fois, Fougas ne cédera pas d'un pouce.

"Est-ce que tu te moques de moi?" dit-il à Clémentine. "Crois-tu que je serai coupable de la folie de me marier maintenant ? Je ne te promets pas de vivre comme un moine de La Trappe, mais à mon âge, un homme bien constitué comme moi peut trouver de quoi causer autour du monde. garnisons sans épouser personne. Mars n'emprunte pas le flambeau de l'Hymen pour allumer les petites aberrations de Vénus ! Pourquoi l'homme s'attache-t-il jamais par des liens matrimoniaux ?... Pour être père. J'en suis déjà un, dans le comparatif. degré, et dans un an, si notre brave Léon fait un rôle d'homme, j'assumerai le superlatif. Arrière-grand-père ! C'est une belle position pour un soldat de vingt-cinq ans ! A quarante-cinq ou cinquante ans, je serai grand. - arrière-grand-père. A soixante-dix ans... la langue française n'a plus de mots pour exprimer ce que je deviendrai ! Mais on peut en commander un à ces bavards de l'Académie ! As-tu peur que je manque de quelque chose dans ma vieillesse ? J'ai d'abord ma solde et ma croix d'officier. Quand j'atteindrai les années d'Anchise ou de Nestor, j'aurai ma solde de halte. Ajoutez à tout cela les deux cent cinquante mille francs du roi de Prusse, et vous verrez que j'ai non seulement du pain, mais encore toutes les denrées nécessaires en plus, jusqu'à la fin de ma carrière. De plus, j'ai une concession perpétuelle, que votre mari a payée d'avance, au cimetière de Fontainebleau. Avec tous ces biens et ces goûts simples, on est sûr de ne pas engloutir ses ressources ! »

Qu'ils le veuillent ou non, ils durent concéder tout ce qu'il exigeait et accepter son million. Cet acte de générosité fit un grand émoi dans la ville, et le nom de Fougas , déjà célébré de tant de façons, acquit un nouveau prestige. La signature de la mariée était attestée par le maréchal duc de Solférino et l'illustre Karl Nibor, élu quelques jours auparavant à l'Académie des sciences. Léon conservait modestement les vieux amis qu'il s'était choisis depuis longtemps, M. Audret l'architecte et M. Bonnivet le notaire.

Le maire était brillant dans sa nouvelle écharpe. Le *curé* adressa au jeune couple une touchante allocution sur la bonté inépuisable de la Providence, qui accomplit encore occasionnellement un miracle en faveur des vrais chrétiens. Fougas , qui n'avait plus exercé ses devoirs religieux depuis 1801, trempa de larmes deux mouchoirs.

« Il faut toujours se séparer de ceux qui nous tiennent le plus à cœur », disait-il en sortant de l'église. "Mais Dieu et moi sommes faits pour nous comprendre ! Après tout, qu'est-ce que Dieu sinon un Napoléon un peu plus universel !"

Fête pantagruélique , présidée par Mlle. Virginie Sambucco dans une robe de soie couleur puce, a suivi immédiatement la cérémonie de mariage. Vingt-quatre personnes étaient présentes à cette *fête de famille* , entre autres le nouveau colonel du 23 et M. du Marnet , qui était presque guéri de sa blessure.

Fougas reprit sa serviette avec une certaine inquiétude. Il espérait que le Maréchal avait apporté son brevet de général de brigade. Son visage expressif exprimait une vive déception face à l'assiette vide.

Le duc de Solférino, qui était assis à la place d'honneur, remarqua ce spectacle physionomique , et dit à haute voix :

" Ne sois pas impatient, mon vieux camarade ! Je sais ce qui te manque ; ce n'est pas ma faute si la *fête* n'a pas été complète. Le ministre de la guerre était dehors quand je suis arrivé en venant ici. On m'a dit cependant, à le ministère, que votre affaire était tenue en suspens par une question technique, mais que vous recevriez une lettre du bureau dans les vingt-quatre heures.

« Diable, prends les documents ! s'écria Fougas . "Ils les ont tous, depuis mon acte de naissance jusqu'à la copie de ma commission de colonel breveté. Vous découvrirez qu'ils veulent un certificat de vaccination ou un tel pansement à six sous!"

"Oh ! Patience, jeune homme ! Tu as le temps d'attendre. Ce n'est pas mon cas : sans la campagne d'Italie, qui m'a donné l'occasion de prendre le relais, on m'aurait tranché l'oreille comme un cheval condamné, sous le vain prétexte que j'avais soixante-cinq ans. Vous n'en avez pas encore vingt-cinq, et vous êtes sur le point de devenir brigadier : l' Empereur vous l'a promis avant moi. Dans quatre ou cinq ans , vous aurez les étoiles d'or, à moins qu'une malchance ne s'en mêle. Après quoi il ne vous faudra plus que le commandement d'une armée et une campagne réussie pour faire de vous Maréchal de France et Sénateur, ce que rien ne peut vous empêcher !

"Oui", répondit Fougas ; "J'y parviendrai. Non seulement parce que je suis le plus jeune de tous les officiers de mon grade, et parce que j'ai participé à la plus grande des guerres et suivi les leçons du maître des champs de Bellona, mais surtout parce que le Destin a marqué " Pourquoi les balles m'ont-elles épargné dans plus de vingt batailles ? Pourquoi ai-je parcouru des océans d'acier et de feu sans que ma peau reçoive une égratignure ? C'est parce que j'ai une étoile, comme *Lui* . La sienne était la plus grande. , c'est vrai, mais il s'est éteint à Sainte-Hélène, alors que le mien brûle encore au Ciel ! Si le docteur Nibor m'a ressuscité avec quelques gouttes d'eau tiède, c'est que ma destinée n'était pas encore accomplie. Si la volonté du Le peuple français a rétabli le trône impérial, c'était pour me fournir une série d'occasions de ma valeur, lors de la conquête de l'Europe que nous allons recommencer ! *Vive l'Empereur* , et moi aussi ! Je serai duc ou prince dans moins de dix ans, et... pourquoi pas ? On pourrait essayer d'être à l'appel le jour de la distribution des couronnes ! Dans ce cas, j'adopterai le fils aîné de Clémentine : nous l'appellerons Pierre Victor II, et il me succédera sur le trône comme Louis XV. succéda à son grand-père Louis XIV.!"

Alors qu'il achevait ce merveilleux discours, un *gendarme* entra dans la salle à manger, demanda le colonel Fougas et lui remit une lettre du ministre de la Guerre.

« Mon Dieu ! » s'écria le maréchal, il serait agréable que votre promotion arrive à la fin d'un pareil discours. Pour une fois, nous nous prosternerions devant votre étoile ! Les rois mages ne seraient nulle part comparables à nous.

« Lisez-le vous-même, dit-il au maréchal en lui tendant la grande feuille de papier. "Mais non ! J'ai toujours regardé la Mort en face ; je ne détournerai pas mes yeux de ce tonnerre de papier s'il me tue.

    " COLONEL :

        « En préparant le décret impérial qui vous élevait au grade
        de général de brigade, je me suis trouvé en présence d'un
        obstacle insurmontable : à savoir votre acte de naissance. Il
        ressort de ce document que vous êtes né en 1789, et que

vous avez déjà dépassé votre soixante-dixième année. Or, la limite d'âge étant fixée à soixante ans pour les colonels, soixante-deux pour les généraux de brigade et soixante-cinq pour les généraux de division, je me trouve dans l'absolue nécessité de vous inscrire sur la liste des retraités. avec le grade de colonel. Je sais, Monsieur, combien cette mesure est peu justifiée par votre âge apparent, et je regrette sincèrement que la France soit privée des services d'un homme de votre capacité et de votre mérite. D'ailleurs, il est certain qu'un Une exception en votre faveur ne susciterait aucun mécontentement dans l'armée et ne rencontrerait qu'une approbation sympathique. Mais la loi est expresse, et l' Empereur lui-même ne peut la violer ni y éluder. L'impossibilité qui en résulte est si absolue que si, dans votre ardeur Pour servir le pays, vous étiez prêt à laisser de côté vos épaulettes pour commencer une nouvelle carrière, votre engagement ne pouvait être reçu dans un seul régiment de l'armée. Il est heureux, Monsieur, que le gouvernement de l'Empereur ait pu vous fournir les moyens de subsistance en obtenant de Son Altesse Royale le Régent de Prusse l'indemnité qui vous était due ; car il n'y a pas même une fonction dans l'administration civile dans laquelle, même par une faveur spéciale, un homme de soixante-dix ans pourrait être placé. Vous objecterez très justement que les lois et règlements en vigueur datent d'une époque où les expériences de revivification des hommes n'avaient pas encore donné des résultats favorables. Mais la loi est faite pour la masse des hommes et ne peut tenir compte des exceptions. Sans aucun doute, l'attention serait attirée sur sa modification si les cas de réanimation se présentaient en nombre suffisant.

"Acceptez, etc."

Un sombre silence succéda à la lecture. Le *Mene Mene tekel L'upharsin* des légendes orientales n'aurait pas pu produire plus complètement l'effet de la foudre. Le *gendarme* était toujours là, debout dans la position du soldat sans armes, attendant le récépissé de Fougas . Le colonel demanda de l'encre, signa le papier, donna au *gendarme* de l'argent pour boire et lui dit avec une émotion mal réprimée :

" Vous êtes heureux, vous l'êtes ! Personne ne vous empêche de servir le pays. Eh bien, ajouta-t-il en se tournant vers le maréchal, qu'en dites-vous ?
"

" Que veux-tu que je dise, mon pauvre vieux ? Cela me brise tout entier. Ça ne sert à rien d'argumenter contre la loi, c'est express. La bêtise de notre part, c'est de n'y avoir pas pensé plus tôt. Mais qui diable voudrait avez-vous pensé à la liste des retraités en présence d'un type tel que vous ?

Les deux colonels avouèrent qu'une pareille objection ne leur serait jamais venue à l'esprit ; Mais maintenant que cela avait été suggéré, ils ne voyaient pas par quoi la réfuter. Aucun d'eux n'aurait pu enrôler Fougas en tant que simple soldat, malgré ses capacités, sa force physique et son apparence d'avoir vingt-quatre ans.

"Si seulement quelqu'un voulait me tuer !" s'écria Fougas . " Je ne peux me résoudre à peser du sucre ou à planter des choux. C'est dans la carrière des armes que j'ai fait mes premiers pas ; je dois y continuer ou mourir. Que puis-je faire ? Que puis-je devenir ? Prendre du service dans certains armée étrangère ? Jamais ! Le sort de Moreau est encore devant mes yeux... Ô Fortune ! Que t'ai-je fait pour que je sois précipité si bas, alors que tu t'apprêtais à m'élever si haut ?

Clémentine tenta de le consoler avec des paroles apaisantes.

"Vous habiterez près de nous", dit-elle. "Nous te trouverons une jolie petite épouse et tu pourras élever tes enfants. Dans tes moments de loisirs, tu pourras écrire l'histoire des grandes actions que tu as accomplies. Tu ne manqueras de rien : la jeunesse, la santé, la fortune, la famille, tout ça. qui fait le bonheur des hommes, c'est le vôtre. Pourquoi alors ne seriez-vous pas heureux ?

Léon et ses parents lui parlaient de la même manière. Tout ce qui concernait la fête était oublié devant une affliction si réelle et un découragement si profond.

Il se réveilla peu à peu, et chanta même, au dessert, une petite chanson qu'il avait préparée pour la circonstance.

Voici une santé à ces heureux amants Qui , en ce jour trois fois béni, Ont brûlées avec le flambeau du chaste Hymen, Les ailes avec lesquelles Cupidon s'égare . Et maintenant, petit garçon- dieu volatile , Tu dois te tenir tranquille chez toi, Enchaîné là par cet heureux mariage Où le Génie et la Beauté ne font qu'un.

Il s'efforcera désormais de garder le plaisir au pouvoir de la loyauté , oubliant sa mauvaise habitude d' errer de fleur en fleur. Et Clémentine facilite la tâche , Car les roses poussent à son sourire : De là le jeune coquin peut les voler Ainsi que dans l'île de Vénus.

Les vers furent vivement applaudis, mais le pauvre colonel souriait tristement, parlait peu et ne s'embêtait pas du tout. L'homme à l'oreille cassée ne pouvait pas du tout se consoler d'avoir l'oreille fendue. [11] Il participait aux divers divertissements de la journée, mais n'était plus le brillant compagnon qui avait tout inspiré par sa gaieté impétueuse.

Le Maréchal l'a boutonné dans la soirée et lui a dit : « A quoi penses-tu ?

"Je pense aux vieux camarades de mess qui étaient assez heureux de tomber à Waterloo la face tournée vers l'ennemi. Ce vieux imbécile de Hollandais qui m'a préservé pour la postérité, ne m'a rendu qu'un triste service. Je te le dis, Leblanc, un l'homme devrait vivre à son époque. Plus tard, il sera trop tard.

" Oh, pshaw, Fougas , ne dis pas de bêtises ! Il n'y a rien de désespéré dans cette affaire. Que diable ! J'irai voir l' Empereur demain. L'affaire sera examinée. Tout sera réglé. Des hommes comme vous ! Pourquoi la France n'en a pas par douzaines pour qu'elle les jette au milieu du linge sale.

" Merci ! Vous êtes un bon vieux garçon et un vrai. Nous étions cinq cent mille, pareils, pareils, en 1812 ; il n'en reste que deux ; disons plutôt un et demi. "

Vers dix heures du soir, M. Rollon, M. du Marnet et Fougas accompagnèrent le Maréchal jusqu'aux voitures. Fougas embrassa son camarade et lui promit de prendre bonne humeur. Après le départ du train, les trois colonels repartirent à pied vers la ville. En passant devant la maison de M. Rollon, Fougas dit à son successeur :

"Vous n'êtes pas très hospitalier ce soir ; vous ne nous offrez même pas un poney de cette bonne eau-de-vie d'Andaye !"

"Je pensais que vous n'étiez pas en train de boire", dit M. Rollon. "Tu n'as rien pris dans ton café ni après. Mais monte !"

"Ma soif est revenue avec vengeance."

"C'est un bon symptôme."

Il buvait mélancoliquement et mouillait à peine ses lèvres dans son verre. Il s'arrêta un moment devant le drapeau, saisit le bâton, étendit la soie, compta les trous que les boulets et les balles y avaient faits, et ne put retenir ses larmes. « Positivement, dit-il, l'eau-de-vie m'a pris à la gorge ; je ne suis pas un homme ce soir. Bonsoir, messieurs.

"Attendez ! Nous reviendrons avec vous."

"Oh, mon hôtel n'est qu'à une étape."

— C'est pareil. Mais quelle est votre idée de séjourner dans un hôtel quand vous avez deux maisons en ville à votre service ?

" Fort de cela, je vais déménager demain. "

Le lendemain matin, vers onze heures, l'heureux Léon était à sa toilette lorsqu'un télégramme lui fut apporté. Il l'ouvrit sans s'apercevoir qu'elle était adressée à M. Fougas et poussa un cri de joie. Voici le message laconique qui lui a fait tant de plaisir :

" Au Colonel Fougas , Fontainebleau.

"Je viens de quitter l' Empereur . Vous serez brevet de brigadier jusqu'à ce que quelque chose de mieux se présente.
Si nécessaire, *le corps législatif* modifiera la loi.

" LEBLANC ."

Léon s'habilla, courut à l'hôtel du cadran bleu et trouva Fougas mort dans son lit.

On dit à Fontainebleau que M. Nibor fit une autopsie et trouva que de graves désordres avaient été produits par la dessiccation. Certains se félicitent néanmoins que Fougas se soit suicidé. Il est certain que Maître Bonnivet reçut, par la poste, une sorte de testament, exprimé ainsi :

« Je laisse mon cœur à mon pays, ma mémoire à l'affection naturelle, mon exemple à l'armée, ma haine à la perfide Albion, cinquante mille francs à Gothon et deux cent mille au 23 de ligne. Et *vivez à jamais. l'Empereur !*

" FOUGAS ".

Réanimé le 17 août, entre trois et quatre heures de l'après-midi, il mourut le 17 du mois suivant, à quelle heure on ne saura jamais. Sa seconde vie avait duré un peu moins de trente et un jours. Mais il est tout simplement juste de dire qu'il a fait bon usage de son temps. Il repose à l'endroit que le jeune Renault lui avait acheté. Sa petite-fille Clémentine a cessé son deuil il y a environ un an. Elle est aimée et heureuse, et Léon n'aura rien à se reprocher si elle n'a pas beaucoup d'enfants.

Bourdonnel , août 1861.

FINI.

NOTES À L'HOMME À L'OREILLE CASSÉE.

[1] NOTE 1, page 69. — *Papillons noirs*, expression française que l'on pourrait avec goût substituer aux *diables bleus*.

[2] NOTE 2, page 72. — *Le 15 août* est la fête de l'Empereur.

[3] NOTE 3, page 85.— *Centigrades*, bien sûr.

[4] NOTE 4, page 101. — La surprise de Fougas s'explique par le fait bien connu que Napoléon fut obligé d'interdire dans ses armées de jouer le *Partant pour la Syrie*, à cause du mal du pays et de la désertion qui en résultait.

[5] NOTE 5, page 118. — *Jeu de Paume* (court de tennis), est le nom donné à l'assemblée du tiers-état (*tiers-état*) en 1789, du lieu où elle a eu lieu.

[6] NOTE 6, page 161. — L'anglais utilisé par les deux jeunes nobles est celui de M. About. C'est certainement l'anglais que les Français seraient portés à parler, et il est tout aussi juste d'attribuer ce fait au sens fin de M. About des exigences de l'occasion, qu'au manque de familiarité avec notre langue.

[7] NOTE 7, page 164.— Il n'est pas sans intérêt de noter que M. About a utilisé le mot anglais *gentlemen*.

[8] NOTE 8, page 166. — *Guerre contre les tyrans ! Jamais, jamais, jamais le Britannique ne régnera en France !*

[9] NOTE 9, page 214. — L'original contient ici une petite vanité soignée, qui ne peut être traduite, mais qui est trop belle pour être perdue. Le français pour belle-fille est *belle fille*, littéralement « belle fille ». A l' adresse de Fougas " *Ma belle fille !* " Mme. Langevin répond : « *Je ne suis pas belle, et je ne suis pas une fille.* » Cela rappelle la réplique similaire reçue par Faust de la part de Marguerite, lorsqu'il l'appelait *belle demoiselle !*

[dix] NOTE 10, page 230. — Le Traducteur a utilisé intentionnellement à la fois le singulier et le pluriel de la deuxième personne dans l'apostrophe de Fougas à Clémentine, comme cela lui semblait naturellement exigé par les variations du sentiment.

[11] NOTE 11, page 248. — Le lecteur retiendra l'allusion du maréchal Leblanc aux chevaux condamnés.